從初識、伴侶到家人，
讓你在乎的每一段關係更長久

關係的刻意練習

諮商心理師 楊雅筑——著

CONTENTS 目錄

第一章 所有的緣分，都起始於一個主動

第二章

明明越走越近，卻還是無疾而終？

我們曾經無話不說，怎麼變得無話可說？

CONTENTS——目錄

第五章

屋簷底下的陌生人

CONTENTS 目錄

第六章 刻意練習照顧自己，成為值得別人經營的人

前言
懂得刻意練習，才能留住你在乎的關係

經營人際關係並不容易，大部分的人或多或少都有過人際挫折的經驗，像是求學時跟班上同學處不來，或者是出社會後同事、客戶或主管不喜歡自己，或者是跟另一半相處，不論一開始多麼甜蜜，久而久之難免摩擦越來越多，從擠牙膏吵到未來人生規劃……。這些人際困擾無所不在，翻開這本書的你，其實一點都不孤單，只是我們不一定會告訴身邊的人，我們其實有多麼困擾。

阿德勒（Alfred Adler）心理學有一個概念：「所有的煩惱，都是人際關係的煩惱」，其實一點也不誇張，人從出生呱呱落地起，就進入了第一個人際關係——家庭，接著是學校、然後社會，很難脫離群體而活，所以我們會因人際關係感到煩惱，是再正常不過的事了。

只是，小時候的我們可能沒想過，有一天人際關係會變得如此複雜。無話不談的好友，有一天可能變成通訊錄上一個陌生的名字；濃情蜜意的兩個人，有一天竟會變得劍拔弩張。有沒有一些方法，可以透過練習來調整自己？甚至更進一步，經由自己的改變來修復關係？

這也是這本書希望幫助你的地方。或許我們無法改變別人，但我們可以從自己開始，對自己、對關係有所覺察。不可否認的是，除了別人會對我們有所影響，我們的一言一行、一舉一動，也影響著他人對我們的觀感、感受，而這些觀感、感受，也可能牽動著對方是否願意更進一步與我們來往，或是願意放下成見，和我們一起重拾過往情感、嘗試一起修復關係。

整理自己在關係中面對的挑戰

首先，我想邀請你，試著給自己一段安靜的時間，開始一個小小的練習。你可以拿起紙筆，試著為自己寫下一張清單[1]，包含：

- 人際關係曾經帶給你哪些挑戰？
- 在你希望改變的人際關係裡（朋友、家人、伴侶……），有哪些情況讓你感到挑戰呢？

嘗試把它們寫下來，盡可能寫越多越好。如果你覺得有點困難、一時之間想不出來，這裡有些常見的例子，你可以參考看看：

挑戰
不理人、冷漠、忽略、疏離、退縮、逃避、講很多遍、強辭奪理、冷戰、吵架、被排擠、不講話、高高在上、講話很酸、據理力爭、哭泣、裝可憐、鬼打牆、質問、指責、批評、威脅、諷刺……

1 此清單改編自簡・尼爾森（Jane Nelsen）、瑪麗・尼爾森・坦伯斯基（Mary Nelsen Tamborski）、布萊德・安吉（Brad Ainge）的美國正向教養親子教養工具「兩列清單」。參考書目為三人著作《跟阿德勒學正向教養》（*Positive discipline parenting tools*），大好書屋，二〇一七。

這些情況其實是相當常見的，並不是只有你會遇到這樣的情況，所以你並不孤單，現在我們有機會可以一起來面對、解決這個情況。

接著，我們來試試看第二個部分，我想邀請你，我們一起想像一下：

- 一個擁有健康、自在、快樂人際關係的人，或是恩愛多年的伴侶、關係親密的家人，他們擁有哪些特質或能力，是能夠讓他們長久經營關係的呢？

同樣地，嘗試把它們寫下來，盡可能寫越多越好。試著腦力激盪看看，這份清單能幫助你重新聚焦。以下提供常見的例子：

特質／能力	尊重、傾聽、同理心、幽默、情緒管理、溝通、協調、真誠、善良、熱情、友善、信任、客觀、理性、寬和、理解、接納、包容、誠實、親和、體貼、真實、負責、寬恕、正直、耐心、沉穩……

這份清單，我把它稱為**人際導航系統**。

一般而言，若是我們要去某個地方，大部分時候我們都會使用導航看地圖吧？為什麼要用導航呢？避免迷路或走錯方向，確保我們可以到達目的地，對嗎？人際地圖其實也有相仿的效果，因此我鼓勵你可以試試看，先把你的清單列出來，在接下來的幾個章節裡，我們會使用到它，幫助我們增進對自己人際關係的**覺察**。

用人際導航系統，讓你的刻意練習走在對的方向

這份包含「挑戰」與「特質／能力」的人際導航系統，是我們在建立與經營人際關係時，常常可以放在心裡的。

為什麼要把人際導航系統放心裡呢？因為我們常會希望關係是好的，也很努力去嘗試；而當關係生變時，則會為關係感到著急、不安，這是很正常的感受。

但很常見的情況是，當我們越感到著急、不安、緊張時，卻不一定會做出對關係有益的事，反而可能開始緊迫盯人、過分關注對方（每個人反應

不同，你也可以換成你的反應試試看），使得對方感受到壓力，也可能因此表現出不悅、不舒服的反應。當我們感受到對方的不悅時，可能也因此感到受傷或憤怒，情緒越來越高張，也就更容易口不擇言、說話越來越大聲，讓對方感到被指責或是被批評，形成一個惡性循環。

這時候，請看一看你剛剛書寫的人際導航系統清單，想一想，當我們感到生氣，忍不住指責、批評對方時，是帶我們的關係去到「特質／能力」那個方向，還是為關係帶來更多的「挑戰」呢？應該是帶來更多的挑戰吧？但這些挑戰，真

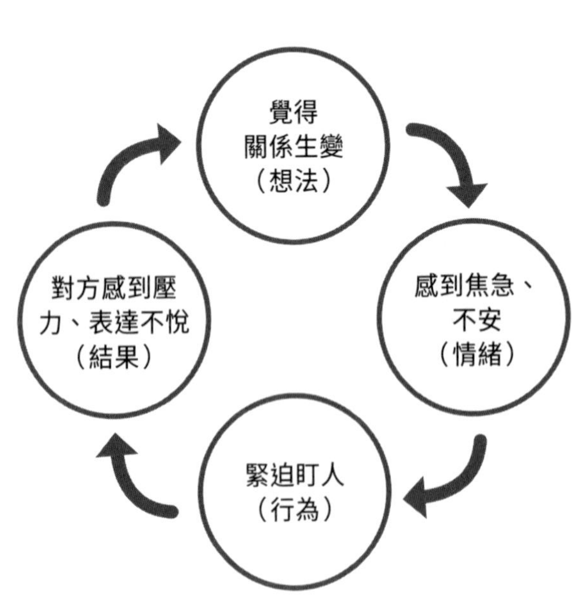

的是我們想要的嗎？我們這麼做，是對關係更有幫助？還是更具破壞性呢？

如果你發覺這麼做，其實是對關係沒有幫助的，恭喜你，你已經開始了**刻意經營關係重要的第一步——「覺察」**。

改變有兩個關鍵：覺察＋行動，行動要發生，往往必須從覺察開始，當我們沒有覺察時，很容易重蹈覆轍而不自知，因為我們根本沒發現癥結點在哪裡，更遑論要從哪裡開始展開新的、有效的行動。因此，當我們發覺這麼做對關係沒幫助的時候，就是很重要的開始，以至於我們可以停止對關係無益、甚至可能破壞關係的行動，就有機會減緩使關係更糟的惡性循環。接下來在這本書裡，我們會談到許多可以增進關係的行動練習，探索在關係不同的面向與階段，有哪些可以刻意練習的小方法，讓我們一起展開改變的旅程吧！

註：本書案例故事皆經置換、大幅改寫或為虛構，如有雷同，實屬巧合。

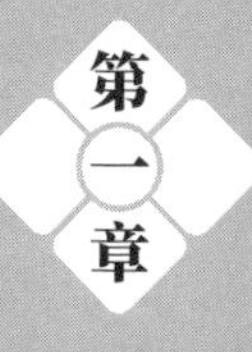

第一章 所有的緣分，都起始於一個主動

生活圈的大小，來自你有多刻意經營，
每一段緣分的起始，都出自於一個勇敢的主動，
如果厭倦了孤獨，渴望著突破，
何必讓想像中的焦慮，囿限了自己探索世界的可能？

01 人際吸引理論：我們如何成為朋友？

小諦剛上大學，第一次搬進宿舍，雖然室友們來自四面八方，彼此還不認識，但因為住在同一間寢室，很多人就自然聊起天來了。晚餐時間一到，已經稍微熟稔的同寢室友，立刻相約一起去學生餐廳吃飯，但因為小諦還沒什麼機會和他們搭上話，也就不在邀約之列。

室友們從聊天之中發現，有好幾個人都是從同一個縣市來的，也發現好幾個人都喜歡打籃球等等，他們開始聊起關於家鄉的話題，以及什麼時候開始打籃球等等，甚至直接約起隔天早餐可以去吃附近某間家鄉小吃，改天還可以一起去打籃球……。

和室友來自不同縣市，對籃球也興趣缺缺的小諦，看著室友在這麼短的時間內，越來越認識彼此，甚至開始互相邀約，不禁感到困惑，為什麼別人都可以這麼快交到朋友呢？

人與人的關係究竟是怎麼開始的？這是很多人都好奇的事。社會心理學中的「人際吸引因素」（interpersonal attraction），便試圖說明人與人之間的關係是如何產生的、有哪些重要的影響因素，大致上有四大影響因素，可預測或影響我們選擇與哪些人成為朋友。

或許，你腦中已經有些朋友名單，你可以參考看看社會心理學家認為影響人際吸引的觀點，與你的看法有沒有相像或雷同之處。

一、鄰近性（proximity）或熟悉性（familiarity）

我們越容易見到、或是互動越頻繁的人，越有機會成為朋友。很多時候我們成為朋友，都跟鄰近性或熟悉性有關。俗話說：「近水樓台先得月」，有時我們會受某些人吸引、和他們成為朋友，是因為「鄰近性」

的關係，我們有機會看到他們、認識他們，進而時常相處互動，例如：同班同學、同事、同社團的社友、室友、鄰居等。當彼此有很多共同經歷的人事物，就很容易拉近距離，同時也有更多機會了解彼此，好感度也很容易因為對彼此的「熟悉性」而慢慢增加。

有時，距離一拉遠，像遠距離戀愛、放暑假、畢業後、出社會後，關係維繫就變得不容易，或越來越陌生，因為每天日常的生活經驗越來越不同、也越來越遙遠。因此有句話說：「見面三分情」，即見面就多了一份情感、情意，其實人與人之間的連結感，有時真的不是網路訊息、視訊所能輕易取代。

某種程度上來說，當我們缺少真實與對方互動的日常、相處經驗，就很難有機會認識與了解對方真實的樣貌。因此，雖然現代科技日新月異，很多人會藉由網路交友軟體來認識新朋友，也不見得會失敗，但有時，網路關係的突破與進展，往往也來自於面對面的互動和相處，但虛擬進入了現實，有可能讓關係有更多的進展與突破，也有可能變成見光死。

二、相似性（similarity）

這裡的相似，是指相仿的觀點、價值觀、信念、活動等。人與人之間彼此互相吸引，不必然只有戀愛關係，很多時候我們與他人的連結也來自對彼此的興趣，很可能來自於對相同事物的興趣，也可能是我們有相似之處——相似的看法、價值觀、社會經歷、成長背景或人格特質等，這些相似處讓我們容易跟彼此產生互動與分享，因為我們有很高的可能會用相仿的觀點來看待事情和世界；再者，在共同興趣上，也容易一起活動、玩樂，更進一步發展關係。

我們會容易受相像的人吸引，很可能來自於和這些相像的人在一起，我們會有共同觀點，這些共同觀點會產生和諧的一致性，讓我們感到舒服、自在、愉快，也讓我們感到備受支持、感覺自己是對的，在相似性的促發下，容易幫助彼此形成一種較強的連結（bonding）。

但有時候，我們也可能受與我們完全不同的人吸引，這就是下一點要提到的互補概念。

三、互補性（complementarity）

這種情況，特別常見於我們自身缺少或期待擁有的特質，在另一個人身上發現。

互補的人際關係其實也常見於戀愛關係中，一方可能善於理財，另一方對數字缺乏概念；或是一方擅長與他人互動，而另一方喜歡獨處等；或一方相當隨和、充滿創意與自由，而另一方較為謹慎、細心、中規中矩。這些互補關係的組合十分常見。

為什麼人們會選擇一個跟自己相反、互補特質的人當伴侶呢？其實這是很自然的，很多時候我們會羨慕對方擁有我們沒有、而渴望擁有的東西。例如：小巴是個內向的人，某部分的小巴，會羨慕外向的人，可以很開朗、活潑地跟他人互動相處，也能很大方地發表自己的看法等；所以，當小巴看到一個外向的人，擁有某些他期望擁有的特質時，就很可能會羨慕或欣賞對方、對對方產生興趣，或受對方吸引。

只是，互補性的關係，有可能在關係的一開始充滿刺激與新鮮感，因為來自於兩人相異的特質、性格、反應，會撞擊出很多火花；但長期相處下來，這些衝擊也可能演變為關係衝突的導火線。但這並不代表每個互補的關係都會走不下去，取決於彼此如何因應彼此的不同。

四、外貌吸引力（physical attractiveness）

涵蓋個人外在因素，例如：身形、姿態、容貌、舉止、態度、風度、衣著打扮等。

很多人可能會覺得這很「外貌協會」，但不可輕忽的是，第一印象的確在關係初期有很關鍵的影響，讓人看來舒服的外貌，能給人加分的第一印象，這在關係初期或初次見面的場合，在還沒有充分時間與機會多認識彼此的情況下，尤其是人們對彼此了解的資訊很少時，第一印象是一個能夠快速判斷的方式——人們會藉由外表，來判斷這個人是不是和我相像、氣味相投、聊得來的人。

這不見得只適用於戀愛關係，第一印象其實適用於任何人際關係，從

學校到職場，從交朋友到談戀愛皆然，有句話說：「好的開始，是成功的一半」，有時候第一印象就能帶來這麼加分的效果，因為唯有對方願意繼續跟你來往，才有機會發展更進一步的關係，所以千萬別忽略第一印象的影響力。

在下一章節裡，我們會充分運用這幾個關鍵影響因素，刻意練習增進自己的人際吸引力。

02 用四種刻意練習，接近有興趣的對象

關於初識階段關係的刻意練習，讓我們運用人際吸引理論來看，生活中有哪些小方法可以練習。

一、鄰近性的刻意練習

我們可以從自己身邊、生活中就有的情境與環境來找尋機會，但**「找尋機會」的意思，並不是直接從身邊、生活情境來「找尋對象」，有時當「找尋對象」這個目的性越刻意時，往往容易適得其反。**為什麼呢？

當我們寄託越大的期待要「找對象」時，期待越大、往往也越容易感到

失望，這樣心情高低起伏下的劇烈落差，恐怕會讓我們感到很不舒服，甚至相當挫折無力，當我們越挫折無力，就越容易感到疲憊，而錯失許多與人連結、來往互動的機會，越錯失與人互動的機會，不就越難交朋友、或進一步找到對象了嗎？

這麼一想，這個方法真能幫助我們達到目標嗎？還是帶來更多的挑戰呢？因此，**「找尋機會」並不是把焦點放在「找尋對象」，而是把焦點放在增進自己的人際互動機會即可。**因為，當我們越放鬆、越自在，其實越能自然表現自己最好的那一面。

找尋人際互動機會，可以先從身邊的情境、環境開始，例如：你的同學、同事、鄰居等，或參加社團、上休閒或運動進修課程等，這些都是你可以製造認識新朋友的機會，即使你的同學、同事、鄰居可能是舊朋友，但別忽略他們也可以是一個人脈機會；而參與社團、上進修課程或參加活動，其實都是可以藉由拓展興趣，自然增進熟悉彼此的機會。

我們談到鄰近性刻意練習時，目標不是放在「找尋對象」，因此當你去參加社團、上進修課程或參加活動後，即使當中沒有你感興趣的人，但也不要因此放棄繼續參與，因為如果你不繼續參與，你永遠不知道你會遇到什麼機會，或許你的新朋友、新對象不在這個社團或班級裡，但你不知道這些夥伴可能會為你帶來什麼樣的機會、人脈對吧？

很多人希望生活有些改變，可惜的是卻總是用一樣的舊方法，並不是說舊方法不好，但舊方法會帶來什麼樣的結果呢？會不會是跟過去一樣的結果？一樣的舊方法，很難帶來新的、不同的結果吧？那不如給自己一個新的機會、新的嘗試，看看這個新的社團、活動、課程的參與過程裡，可能會為你帶來什麼？因為當你不繼續互動或認識對方，你永遠沒機會更認識對方，或許對方可能有你還沒看到、還沒認識的不同面向，說不定其實你們有些共同興趣也說不定，這共同興趣，剛好可以搭配運用「相似性的刻意練習」，我們稍後會談到。

小提醒：雖然「鄰近性的刻意練習」在於製造彼此的相處機會，但也別忘了，在初識階段，對彼此還是陌生、不熟悉的狀態下，請給予彼此舒服自在、互相尊重的相處空間、頻率與互動方式，以免弄巧成拙，很多人會以為要乘勝追擊，但有時太過躁進，也可能「甲緊弄破碗」（台語）、欲速則不達，適時關注對方的反應，給予彼此適當的距離與空間，也是一種給彼此的尊重，甚至也有可能帶來「距離產生美」、「小別勝新歡」的意外收穫。

二、相似性的刻意練習

延續上一個「鄰近性的刻意練習」，藉由參與社團、進修課程或活動的方式，其實我們都可以從自身興趣出發探索，因此在參與相關社團、課程或活動時，自然而然就會碰到有共同興趣的夥伴，若遇到明明對課程沒興趣但仍繼續參加的夥伴，我們亦可運用互補性來增進彼此的互動。

在上一章節有提到，相似性其實是一個可以快速拉近彼此距離的方式，開啟談話或互動可以從自身開始，並於談話或互動中多加觀察彼此有無相似之處，以此作為增進相似性談話或互動的起點。話題由外而內、由淺入深，能幫助我們適度拿捏互動的步調，例如：寵物、電影、旅遊、美食等，就是相對較為外部、不涉及私人領域的話題，而天氣、交通、新聞等，也是相對較淺的話題，不會一下子刺探過多對方的內心世界，或是自己一下子談得太深、揭露太多，也會讓人感到錯愕。

最後要記得的是，**最好的談話方式其實是傾聽，當我們願意傾聽對方，我們就有機會聽懂對方；聽懂對方，我們才有機會理解對方的感受與需求。**

小提醒：有些問題並不適合在初識階段詢問對方，會讓人有種被審問、身家調查的感覺，反而會讓人感到不自在、不舒服；不妨從適度談論自身興趣、嗜好開始，與其去試探對方哪些可談、哪些不可談，不如從自己開始，我們比較了解哪些話題是自己願意談、有興趣談的，而興趣與嗜好比較輕鬆，不涉及個人隱私，可作為開啟話題的媒介，當對方與你相處感覺足夠安全、對彼此的關係感到舒服自在時，自然會找到有共鳴、願意往下談的話題繼續延伸。

或是我們也可適時找話題，做球給對方，記得不要拋太難接的球，像是：個人年收入／薪資、家庭背景、過往情史等，除非對方願意自行

提起，有些較為個人隱私的問題，不見得每個人都願意在不夠認識彼此的情境下敞開來談。

三、互補性的刻意練習

有時隨著互動、相處越來越增加，可能會發現兩人的相似性未必真的很多，可能會越來越發覺彼此的不同，這時，也請不要太過焦慮或擔心，因為人與人本來就存有很大的差異，想一想，若你有兄弟姐妹的話，你跟你的手足相像嗎？你跟你的手足是同一家工廠打造出來的，但你們都如此不同了，更何況是不同工廠打造出來的呢？因此人與人之間有差異，是再自然不過的事了，**問題癥結不是差異，重要的是我們如何面對、處理差異**。

因此，當你發覺兩人的不同時，不需感到過於焦慮、不安，而是如何在差異中，找到相處與互動的方法，特別是當彼此還不熟悉、陌生的情況下，請放下「競爭」的心態，人生中有很多事情是沒有標準答案的，特別是價值觀，涉及法律時的確較偏向非黑即白、有是非對錯，但價值觀常常與一個人的觀點、信念有關，個人意見也常常與個人的偏好有關，並不代表誰對誰錯。例如：紅茶跟綠茶哪一個比較好？小孩要富養、還是窮養？世界上有沒有神？我想雙方都會有各自的觀點與原因，有時真的沒有誰對誰錯，反而雙方觀點都有其重要之處，集結各方的觀點，更能補足彼此的缺憾與不足。

所以，要在關係裡爭輸贏，最後，沒人會贏，反而連關係都輸掉了。這真的是我們想要的結局嗎？如果不是，我們還有機會，可以選擇用不一樣的方式，一個對關係有益的方式，來與彼此的差異共存——放下輸贏、互相傾聽與尊重。

有時互補性，在互相傾聽、尊重的氛圍下，更能為兩人的關係起到大大加分的作用！其中一方不足的地方，總有另一方可以協助、解圍，那麼，一加一是不是就有機會大於二了呢？

四、外貌吸引力的刻意練習

外貌吸引力的影響關鍵在於第一印象，在初識階段彼此都還不認識、不

熟悉的情況下，第一印象是人們最快速、最簡便的辨識方式，來判斷對方是不是自己有興趣、有意願繼續互動或來往的對象，因此，別輕忽第一印象的重要性。

尤其在前面提過，人際吸引理論裡的鄰近性，著重在給自己製造機會、給彼此相處互動的機會，千萬別讓彼此的互動機會在一開始就搞砸了！在「單純曝光效應」（mere-exposure effect）裡提到，人們會因為越來越熟悉某事物，而對其發展出偏好與好感。

在社會心理學中，有時會將此效應稱為「熟悉定律」（familiarity principle），此現象在生活中非常常見，像是文字、繪畫、人像照片、聲音等。在流行歌曲裡其實也不乏此種現象，許多市場行銷手法會將流行歌曲結合電影、電視劇作為片頭曲、插曲、片尾曲等，在重複播放的情況下，人們會說像是「洗腦歌」，也因此引爆話題、席捲市場。而人際吸引理論的研究也發現，當人們越常見到某個人，也有越高的機會對其發展出偏好或喜愛。

但單純曝光效應很大程度仰賴第一印象的延伸，因此第一印象至少要得到中間以上的分數，才有可能隨曝光程度、互動機會越來越多，或是相處

時間越來越長，慢慢增加好感度；若一開始印象就不好，很有可能越看越討厭，所以千萬別忽略第一印象的影響力，這時就可以運用「外貌吸引力的刻意練習」。

外貌吸引力的關鍵影響，並不是一定要長得很好看、很帥或很美，重要的是把自己整理整齊、打理乾淨，讓人覺得舒服、自在，給人好的第一印象，為自己和彼此打開關係的大門，別讓機會扼殺在自己手中。我們的確無法控制別人對我們的感覺，但我們有機會、有空間可以把自己整理、照顧好，有好的第一印象，就有機會增進別人對你的好感和好奇，這就是很棒的開始。

況且，外貌吸引力不只單純涵蓋容貌本身而已，雖然有時我們可能會自卑、沮喪自己沒有精緻的臉蛋，但外貌的人際吸引力其實涵蓋得很廣，從容貌、身形、姿態、風度、舉止、態度、衣著打扮等都包含其中，因此，雖然我們可能先天條件不如藝人一樣正、或像樓下歐巴一樣有型，但我們當然可以把力氣放在把自己的外貌打理乾淨、把身形體態照顧好，讓自己的舉止、談吐、儀態讓人感到自在或吸引人。

最後，在練習這幾個小技巧的同時，你也可以隨時把「人際導航系統」

拿出來看一看，試著想想：若我這樣做、這樣說、這樣反應，對我們關係的影響是什麼？當我這麼做，會帶我們的關係去哪裡？是帶來更多挑戰？還是保持經營關係的特質／能力呢？

如果，你確定自己充分展現出經營長期關係所需的特質與能力，但對方仍不喜歡你，有時候這未必是不好的結果，怎麼說呢？有時我們認識彼此的過程，其實也是在探索我們是不是適合彼此？是否適合一起互動、一起長期生活、一起扶持彼此？

若在前期階段，我們就發現彼此不適合，長期來說對你而言，其實未必是壞事，只是過程中，我們當然會感到挫折、沮喪、受傷，這也是很正常的感受，當這種感受出現，記得好好安撫、照顧自己，把自己照顧好之後，我們還是可以用自己的步調往前走，去找到一個懂得珍惜我們、給予我們支持陪伴的人，**因為你絕對值得一個懂你、珍惜你、尊重你、愛護你的人。**

03

總是害怕被拒絕，該怎麼跨出舒適圈？

小朋進公司一段時間了，跟公司裡的同事依然還不是很熟，每每經過茶水間，看到聚在一起聊天的同事們，小朋很想加入，卻又很怕自己說出來的話辭不達意、不夠好笑或是無法融入，變成句點王就會超級尷尬，所以遲遲不敢走進茶水間，加入同事們的對話。

時間越長，小朋發覺自己越來越不敢跨出那一步，同事似乎也已經習慣這樣的互動模式，也不會特別去邀請小朋，小朋覺得要加入同事團體越來越難，每天上班想到這些就非常沮喪……。

日常生活中，大多數人幾乎都碰過被拒絕的經驗，像是：想加入團體被拒絕、想約朋友約不到、想要的工作沒上、想半天的企劃書被否決、或是像上面故事裡小朋的情況……。為什麼面對被拒絕那麼難呢？

其實這是很自然的反應，幾乎所有的哺乳類動物都很大程度仰賴社會與群體關係，這與能否生存下來有很高的關聯性。而人類更是如此，嬰兒出生之後，是無法依靠自己獨自生存下來的，必須倚靠身邊成人的保護與照顧，才有可能生存下來。

心理學家暨行為學家哈利．哈洛（Harry Harlow）在一九五〇年代曾做過一個殘忍實驗，試圖了解人與人之間的關係、所謂愛與歸屬，究竟是什麼。哈洛將剛出生的恆河猴寶寶單獨關進鐵籠裡，籠裡只有一個鐵絲做的假媽媽與一個毛巾做的假媽媽，在鐵絲媽媽身上綁有奶瓶，毛巾媽媽身上則什麼都沒有，猜猜看，大多數時間，猴寶寶待在哪個媽媽身上呢？

答案是毛巾媽媽，只有當猴寶寶餓了，牠才會爬到鐵絲媽媽身上喝奶，但其他時間，猴寶寶都抱著毛巾媽媽。這說明了，其實哺乳動物比我們想像的還需要撫觸的慰藉，甚至勝過食物需求，並非身體溫飽即足夠我們生存下來，關係的溫度其實比我們想像的更重要。

人天生是群體的動物，從演化、生物學的角度來看，融入一個人類群體，確保人類得以生存百萬年至今。因此，我們就像是大腦被設定了有「尋求歸屬」的需要，許多研究也發現，被拒絕的確會引發個體的不安與痛苦，人類大腦會將失去歸屬感、感到孤獨視為危險或威脅，引發腦神經傳導物質的改變，因而產生痛苦感[2]。

因此，不需因自己被拒絕的痛苦而感到羞恥，被拒絕會感到痛苦是正常的、自然的反應。

接受被拒絕的練習

當我們害怕被拒絕時，可以透過以下四個小方法來幫忙自己：

---

2 神經科學家曼弗瑞德·史畢茲（Manfred Spitzer）與葛拉德·胥特（Gerald Hüther）引自漢斯葛奧格·威爾曼（Hans-Georg Willmann），《自我肯定（Take A Break三十分鐘高效能）》（*30 Minuten: Selbstvertrauen*），商周出版，二〇一六。

理解→澄清→充電→減敏

一、理解：

給予自己理解和接納，理解我們會害怕被拒絕是自然、正常的感受，也是身體嘗試保護我們遠離危險或威脅。所以，害怕並沒有不好，害怕其實有它重要的功能。因此，害怕這個情緒本身並不是問題，問題是我們如何面對、處理害怕的情緒。

而當我們感到害怕，卻試圖去壓抑它，或是接著對自己生氣、討厭自己感到害怕時，那我們的情緒不就越來越多了？顯然，**壓抑情緒**

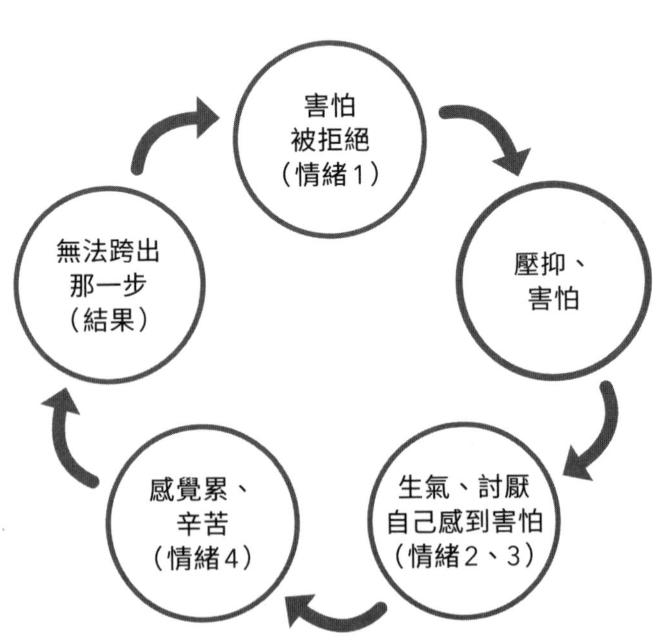

並不會讓我們的情緒消失不見，反而會帶來反作用力，為自己帶來更多情緒。試想，當你情緒這麼滿、這麼多時，這會怎麼影響你接下來的行動？你是不是會覺得更辛苦、更累、更不好？這樣一來就會陷入惡性循環——你越害怕、就越壓抑自己，但越壓抑你就越累，然後氣自己為什麼辦不到，於是越來越討厭自己，當你越討厭自己時，你就更難跨出那一步了。

如果你發現壓抑情緒沒有用，恭喜你，你已經開始覺察了，有了覺察，我們就有機會停止這個惡性循環，開啟新的行動，新行動就有機會帶來新的改變。而理解與接納自己，就是很重要的一步。情緒，需要被理解與接納，而不是被壓抑。

理解與接納情緒時，你可以嘗試告訴自己：

「我會感到**害怕**，是自然的反應、是可以被理解的。」

「我可以感到**害怕**，**害怕**是沒關係的。」

「不論是誰，碰到這樣的情境，可能都會感覺到**害怕**。」

（例句裡的**害怕**，也可以代換成任何其他種類的情緒）

練習當自己溫暖的陪伴者，允許自己可以有情緒，練習安撫自己的心情，心情安頓好了，我們自然有更多餘裕可以處理事情。

二、澄清：

當心情安頓好之後，我們可以花一些時間重新釐清事件或情況，很多時候當我們遭受拒絕時，因為太著急或太難過而急欲找到原因，容易傾向於責怪自己，因為責怪自己似乎是一種比較快速、簡易的方式，責怪自己彷彿很快就可以找到事情的原因，但，這不見得是事情的全貌。

因此，先安頓好自己的心情是很重要的，不然在澄清階段時，很可能隨時被冒出來的負向情緒干擾，再繞回先前的迴圈裡——繼續責怪自己，怪自己說錯話、怪自己沒搞清楚狀況、怪自己怎麼不多做一點、怪自己太一廂情願……等。先安撫、安頓好自己的情緒，或許仍會有些微的沮喪情緒偶爾會冒出頭來，但我們也可以允許自己被拒絕時會產生情緒，然後慢慢地、輕柔地把自己帶回來。

在澄清階段，我們可以試著用第三人的角度，重新客觀描述事件的發生，幫忙自己蒐集較為全面、較為客觀的資訊，有較為充裕、全面的資訊時，我們比較能幫忙自己重新理解與看待事件原貌，並進行平衡報導。這樣一來能幫助我們幫自己平反，明白並不是所有的責任都在我一個人身上，二來能幫助我們從此經驗中學習與成長。

三、充電：

人是社會性動物，被拒絕會感到沮喪、受傷是正常的感受，有趣的是，關係有時會使我們受傷，有時也是療癒我們的良方。因此當你在關係中受傷時，別忘了，你還有其他的後盾，找尋那些可以給你支持、陪伴的人，是我們可以獲得充電很好的方式。

每個人獲得充電的方式不一樣，有人喜歡找人聊聊、有人喜歡逛街、有人喜歡打電動、做運動、或是只要有人靜靜陪在身邊，沒有哪種方法是比較好或比較對的，只要找到一個安全、不傷害自己或對方、對你有幫助的方法就可以了，因為每個人都不同，喜歡或能感到被支持的方法當然也不一樣，找到適合自己的就可以了。

雖然我們都會遭遇挫折，但當我們充飽電的時候，我們就又會有力量和勇氣，可以去面對生活中可能的挑戰。

四、減敏：

害怕被拒絕不代表我們真的會被拒絕，但很多時候，當我們抱持著害怕被拒絕的感受時，就足以對我們產生很大的影響力。

想像一下，當我們感到害怕被拒絕時，可能會產生什麼想法？會不會覺得別人可能會不喜歡我？別人可能會討厭我？別人可能會覺得

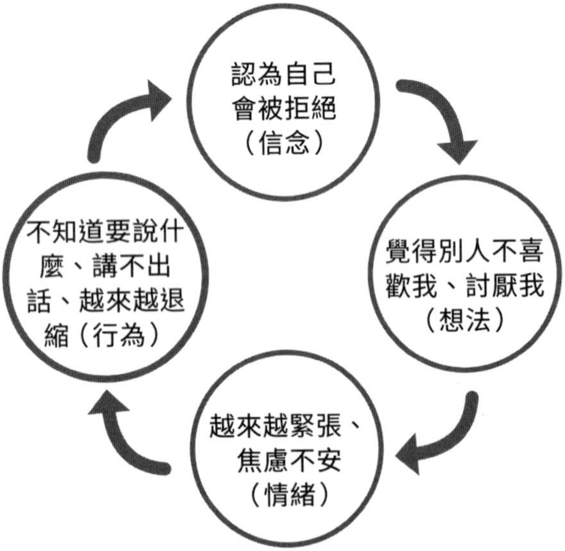

認為自己會被拒絕（信念）

覺得別人不喜歡我、討厭我（想法）

越來越緊張、焦慮不安（情緒）

不知道要說什麼、講不出話、越來越退縮（行為）

我講的話很蠢、很笨？別人會不會覺得我是句點王？那麼當我這樣想時，我可能會有什麼感受？是不是越來越害怕、緊張、焦慮、甚至越來越不安？那當害怕、緊張、焦慮、不安逐漸升高時，可能會有什麼反應？是不是會越來越退縮？當我越來越退縮時，是不是越容易影響我與他人的互動，造成不知道要說什麼、一句話也講不出來的尷尬窘境？若講不出話、僵在那裡，氣氛越來越尷尬，是不是就有更高的可能被拒絕了？

這就像是一個自我應驗預言（self-fulfilling prophecy），當我們有一個想法，並信以為真時，這會對我們的情緒、想法和行為有關鍵性的影響力，而感受、想法、行為又是環環相扣且交互影響的，就非常有可能造成其結果發生，進而衍生惡性循環。

打破惡性循環三步驟

第一步：理解被拒絕是正常的

告訴自己「被拒絕是很正常的」、「每個人都會遇到被拒絕的情況」。

把拒絕正常化，而不是個人化、針對自己的。當我們可以正常化被拒絕，覺得被拒絕並不是針對我們個人，就比較不會產生太多負面情緒，因而能夠為自己爭取更多面對與處理事情的空間。

第二步：允許自己被拒絕

很多時候我們很害怕犯錯、不完美，但世界上真的沒有完美的人、不會犯錯的人，被拒絕也是，被拒絕是很正常、也必然存在的情況，即使我們很好、即使我們沒做錯事情，我們也有可能會被拒絕，「遭到拒絕」和「自己好不好」是兩件事情，所以，我們也可以給自己一些空間，容納自己是有可能被拒絕的。

第三步：練習接受被拒絕

被拒絕的確會難受，但不代表我們就無法接受，端看我們把被拒絕看作是什麼？如果我們把被拒絕看作是我不好、別人刻意針對我，那麼當然會很難接受、也很難承受，所以前面兩個步驟真的需要花一些時間練習，而當我們有越多的機會練習接受被拒絕，就像我們去重訓健身一樣，把被拒絕的肌肉練得越來越強壯，我們就會越來越不害怕被拒絕，對可能被拒絕的情境也就越來越不敏感。

04

不擅長與人互動，如何透過練習與回饋來加強？

小廷總覺得自己不擅長與人互動，常常覺得自己在團體裡特別尷尬、不安，好像連句話也說不好，所以小廷在團體裡特別安靜，覺得自己只要不說話，似乎就不會出錯。

但小廷也發現，當自己越少與人互動，越來越不敢在別人面前表達自己的想法，與其他人的相處機會就變得越來越少，其他人也完全不會主動來靠近自己。小廷不禁困惑，這樣保護自己的做法真的是好的嗎？到底應該如何改變現狀呢？

很多人可能都有跟小廷類似的經驗，覺得自己特別不擅長什麼，但不曉得你有沒有發現，我們怎麼想，其實對我們的行動也有很大的影響力，這就是信念（belief）對我們的影響力。

當我們相信自己是一個不擅長與人互動的人，我們與人互動的感受會變得如何？是興奮期待的？還是緊張害怕的？應該是偏向後者吧？而當我們與人互動抱持著緊張、害怕的感受時，我們可能會更不敢與人互動。

所以，千萬別忽略我們對自己所抱持的信念可能帶來的影響，信念，會影響我們如何看待自己、也會影響我們如何跟自己對話。當你

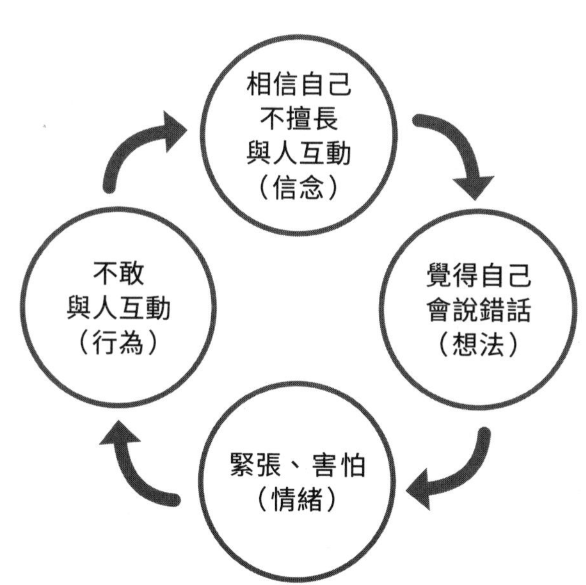

發覺你對自己的看法使自己停滯不前，這已經是很重要的一步，改變，都是從覺察開始的。

六個刻意練習，突破不擅長與人互動的瓶頸

突破不擅長與人互動的瓶頸，可以試試看以下六個刻意練習的步驟：

一、現在的你不代表永遠

當發覺我們有使自己停滯不前的信念時，很有可能一時之間，很難立即拋下對自己的成見。但其實，我們也不見得必須馬上就放下，我們可以給自己一些時間，慢慢練習、慢慢調整，當我們開始練習、開始調整時，我們就已經跟過去的自己不同了。所以，即使無法馬上改變對自己的信念或看法，也不需要著急，畢竟這是很正常的。現在的你不代表永遠的你，只要我們不放棄，我們就有機會為自己開展不同的可能。

二、練習接納錯誤，將錯誤視為成長的機會

在練習的過程中，我們很有可能會遇到挫折和困難，這是很正常的，並不需要因此而責怪自己，相反地，鼓勵你練習允許、接納自己是會犯錯的，因為世界上沒有不會犯錯的人，當我們允許自己犯錯時，我們會更有空間、餘裕來面對和解決過程中的困難，而不會再次打擊自己、再次陷入自我挫折的惡性循環。

三、讓行動輕而易舉

● 修正期待

要開始一個新的嘗試和練習，就像是突破舒適圈，一定會覺得困難，因為這是我們從來沒有或是很少做的事，所以，會覺得難是很自然的反應，並不是我們很弱或是沒能力，這就像是學習一個新的語言一樣，一開始一定會遭遇不少難關。

如果你會騎腳踏車，你是怎麼學會的呢？你是一開始騎上腳踏車就學會的嗎？還是也跟我一樣，一路跌跌撞撞，不斷嘗試、練習之後，才學會的

呢？跌跌撞撞、不斷嘗試和練習，其實是學習必經的過程，我們可以讓自己修正對學習進展的高期待，給自己一個合理的期待，允許自己犯錯、也允許自己有嘗試的空間。

● 降低門檻

要開始學習一個新的技能，就像打電動一樣，總不會讓一個初心者，在一開始什麼技能、裝備都沒有的情況下，就推你去打大魔王關。人生也是一樣，讓自己可以從入門開始，從現階段做得到的任務開始，我們才比較有機會持續嘗試、持續練習，不然連開始打怪都沒有，怎麼可能練等級？沒練等級怎麼可能有機會升級、繼續打怪呢？

● 先求有、再求好

只要我們有開始，就是最大的突破和進展了，有句話說「開始是成功的一半」。其實開始真的是最困難的，常常我們會花很多時間躊躇、猶豫、擔心、害怕，怕做錯、怕做不好、怕失敗、怕挫折，這些害怕都是正常的，但是做錯、做不好、失敗、挫折，也真的是必然的，當經過錯誤、失敗與挫折，累積打怪的經驗，我們就有擴充、升級的可能。所以我們先求有、再求好就夠了。

四、切成小步驟

一開始的時候，我們只要一次學一個技能就夠了，一步一步慢慢來。所以，如果與人互動真的不是我們現階段擅長的事，也可以把長遠目標切成小步驟、做逐步階段性的規劃，慢慢往回推。

或許我們可以先從跟對方打招呼開始，等到練習一兩週覺得熟悉了，接著再加入一個新的小任務：練習關心對方的一件事，一樣再練習一兩週，覺得可以勝任了，再加入一點挑戰性，嘗試主動找話題跟對方聊天，一開始只要試試看做兩分鐘就好了，過程中，都可以逐步依個人的情況，慢慢增加挑戰性和難度。

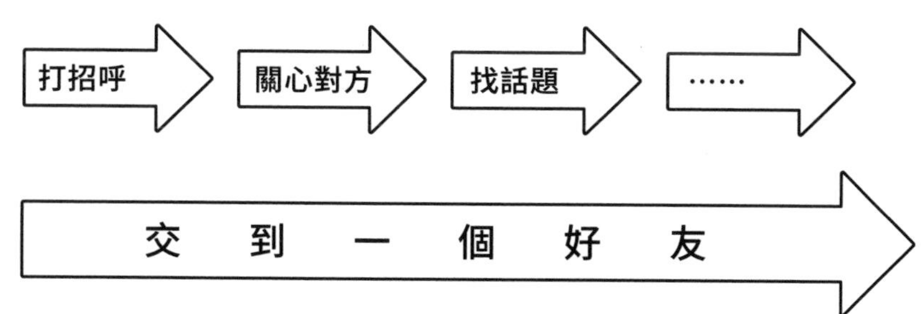

在這個階段，依然可以沿用前面幾個原則：允許自己慢慢來、允許自己犯錯、允許自己有開始就好了。接著再加入小任務、小步驟，只要我們有機會開始、並且不斷嘗試和練習，就是很棒的起步！

五、視覺化回饋

有時候，不斷嘗試、練習的過程，可能會覺得很漫長，有種看不到終點的感覺。這時，我們也可以借用打電動的技巧，幫自己設定視覺化的回饋。不論是幫自己畫一張曲線圖做紀錄、或是在手機裡用待辦事項APP做紀錄，藉由設計一個看得到的圖表或checklist清單，比較能夠幫助你掌握自己現在已經做到的進展。

有的人喜歡更直接的回饋，會在自己達到目標時，給自己一點小獎勵，像是喜歡存錢的人，他可以在達成目標後，就在存錢筒裡投入一個銅板，看到投入的銅板越來越多，也更能夠感受到自己的進展，為了清楚看到銅板，就要使用透明的存錢桶。每個人都可以為自己量身打造適合自己的回饋方式。

六、重在持之以恆

很多人在學習一個新技能或是建立一個新習慣的時候，都會很期待看到戲劇化的轉變，但戲劇化的轉變往往也是最危險、最難維持的，就像是生活中可能會看到有些人，使用較為極端的快速減肥方式，因為方法較極端，容易造成很強的剝奪感和痛苦感，即使非常有可能快速達到驚人的減重目標，但往往也很容易快速復胖，產生更大的挫折感與困難。

所以，學習一個新技能或建立一個新習慣的重點，不要放在短期內看到戲劇化的轉變，重點在於持之以恆，當我們可以每天維持一點點的進步、或是足以維持練習，長久下來，無需採取極端手法，自然而然就有機會看到戲劇化的轉變！

刻意練習的盲點：過度時會造成對方困擾，應如何拿捏界限？

✕用自己以為、或自己想要的方式去對待別人

在與人互動時，我發覺大多數人會強調同理心，這當然沒什麼不好，但有時，大家對同理心的理解和解讀會有所不同，也容易因此產生誤解，有時甚至可能會滑坡成「我喜歡被關心，所以我也要很關心對方，用關心他的方式，讓他感覺到我有多欣賞、在乎他」。

但很可惜的是，這並不是同理對方，這是用自己的想法去揣測別人，並以為這會是對方喜歡被對待的方式，可是一個人喜歡被怎麼對待，只有他本人才會知道，除非問過當事人，跟當事人確認過無誤，才有可能會最貼近當

事人的需求，記得找到尊重對方、尊重自己的方式。

✕強迫別人接受你一廂情願的付出

在人與人的互動之間，並不是我想要付出，對方就應該要接受，就像上一點提到的，即使是我喜歡的、我覺得很棒的，不見得就會是對方喜歡、對方覺得很棒的。阿德勒說了解一個人，需要用「對方的眼睛看世界，用對方的耳朵去聽，用他的心去感受」，只有當我們從自己的位置走出來，我們才有可能更貼近對方。當我們強迫對方接受，可能會為關係帶來更多的挑戰。

○適時關注對方的反應與關係的走向

有時候大家可能會覺得關係互動很難拿捏，不曉得剛認識一個人到底要觀察什麼、怎麼拿捏距離，這其實是很有可能的，因為每個人都不一樣、喜歡的互動方式真的也不一樣，因此，適時觀察對方的反應與關係的走向，是非常重要的，因為處在互動之中的是你們兩個，所以你其實會有比較高的可能，能更近距離察覺你們之間發生了什麼、對方的反應是什麼。

適時觀察對方的表情、身體姿態、行為，是不是顯現出不悅、不舒服的感受，或是對方試圖拉開距離、減少互動等，這其實都是很重要的訊號，表示這不是對方喜歡的互動方式。

或者，我們也可以觀察關係的進展是不是有出現困難，若是有困難，表示目前我們使用的互動方式對這段關係可能沒有用，既然沒有用，我們還需要繼續用一樣的方法嗎？或者是，我們也可以給自己別的選項、換個方式試試看，慢慢摸索、找到適合彼此、尊重彼此的相處方式，這段關係才有可能持續下去喔。

第二章 明明越走越近，卻還是無疾而終？

為什麼許多關係明明萌了芽，最後卻斷了根？
是我在過程中做錯了什麼，踩了什麼地雷？
關係不是一場生存遊戲，
找到自己的原則，才能在不確定的關係裡掌握主導權！

05 為什麼曖昧總是停滯不前？

小路最近跟小寧走得很近，上課的時候剛好都修同一門課，分組剛好也都同一組，聊著聊著發現兩人有很多相同興趣，常常相約一起吃飯、也會一起出去逛街、或一起去朋友家打電動。

長時間相處下來，小路對小寧很有好感，覺得和小寧相處起來很舒服、很愉快，小寧似乎也不排斥和自己一起出去，但總不確定小寧對自己的感覺是什麼？到底他們是朋友？還是比朋友更多？小路遲遲不敢跨越那一步，深怕是自己會錯意，要是說破了，會不會最後連朋友都做不成……。

曖昧，一段介於朋友與戀人關係的模糊階段，讓人弄不清到底有沒有友達以上、戀人未滿？曖昧階段的模糊不清，常常讓人傷透腦筋，但為什麼「曖昧讓人受盡委屈」，卻還是仍然存在呢？

有時候曖昧關係存在，來自於人們對戀愛關係的不確定、不安與害怕，當人們開始懷疑戀愛關係是不是會持續？擔心這段關係到底可以走到哪裡？就會很難相信愛與承諾的穩定性。與其擔心在一起之後會分手，還要承受分手的痛苦，不如保持現在這樣就好了，大家都開開心心、輕鬆自在，好像也沒什麼不好？

有時候維持曖昧的另一個好處是，它帶來某種程度的安全感——雖然這並不是真實的安全感。那這個安全感到底是什麼？是「我可以讓我自己不那麼受傷」。如果你很清楚知道你想要的是什麼，那當你沒有得到的時候，你很有可能會更受傷，與其讓自己跌得更重、傷得更深，不如不期不待、就不受傷害，就像假裝不在乎、不去面對一樣。

談到這裡會發現，好像我們個人內在的不安，其實會引發自己對於關係的不安，所以，會不會有的時候，阻礙我們進入關係的，有可能不是別人，而是自己？這其實與個人依附（attachment）關係經驗所形成的依附型態有很大的關聯。

依附指的是嬰幼兒與主要照顧者之間的情感連結，是嬰幼兒基本需求得以滿足的重要關係。隨著成長、與主要照顧者的互動，我們會慢慢形成對自己、對他人以及對世界的看法，慢慢形成我們個人的內在運作模式（internal working model），一個促使、幫助我們在這個世界生存很重要的依附系統。而**我們童年與主要照顧者的關係、依附經驗，會很大程度地影響成年後的伴侶關係。**

當我們童年時期、或過去經驗，讓我們學習到／經歷到關係是不穩定的、是充滿變數的、是可能隨時會有人離開的、可能會被拋棄的……等，我們就很難對關係感到有信心、有安全感、能夠信任，在這樣的前提下，我們對關係感到不安、再三觀望，或許也是很自然的反應，因為我們怎麼知道，這段關係是不是能夠讓我感到安全？會讓我在其中得到保護與照顧？

因為這樣，這個投入關係的決定，會變成一個很大的冒險，而為了避免風險，有時繼續待在曖昧的關係中，或許也是我們現階段最為熟悉的狀態，我不用預測未來、不用承擔風險、不至於更受傷，這是我已經知道的，最糟可能也就如此的狀態。

對關係曾有過不安全感的人來說，可能會因曖昧而感到暫時的安全，因為攤開來談，可能會打破現階段關係的暫時平衡狀態，冒著失去關係的風險，這可能會讓人感到更不安和害怕。只是，也可能會因此停留在不穩定的曖昧狀態中更久，而影響進入長久、穩定關係的可能性。

想擺脫曖昧關係的三個刻意練習

如果你目前正困在一段曖昧關係中，希望擺脫這種模稜兩可的困境，有幾個小技巧可以幫忙你：

一、理解

理解自己會停在這裡一定有很重要的原因，不需責怪或討厭自己，當我們理解自己時，我們才有機會去探索和了解自己。

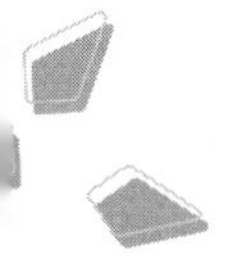

二、釐清

釐清什麼原因讓你停在這裡，是因為你害怕說出來會失去你們現在的關係嗎？還是對你來說，要踏入戀愛關係是讓你感到不確定、不安、恐懼的呢？釐清原因之後，我們才能幫助自己去判斷，你想要的是什麼？

三、嘗試

如果你想要的是探索你們之間有沒有進一步的可能，可以進入戀愛關係，那麼，停在現階段只有可能維持現狀。所以，如果你希望關係可以有點改變，那麼我們就得嘗試不同的方法，而溝通就是很重要的一步，讓你們彼此之間的想法可以互相被聽到、被了解，並不是說，要你在短短幾天內去問對方是不是願意和你共度一生，這當然需要更多的了解、更長時間的相處才會知道；但溝通是幫助你們澄清、確認關係很重要的一步。如果，當你提出希望和對方聊聊、釐清你們的關係，卻遭到對方的拒絕、或因此而失去這段關係，那麼，或許我們也可以把焦點放回自己身上，試著安撫、照顧自己，因為很顯然，若關係從一開始的發展就是這樣，要能夠一起互相扶持長久走下去，可能也是很不容易的。

06

如何改變自己在曖昧中的「備胎心態」？

小陸和瀅瀅這段期間一直走得很近，下課後，瀅瀅會主動邀約小陸一起去吃飯；半夜餓了，也會傳訊息問小陸要不要去吃宵夜，或是放假的時候，也會打電話問小陸，要不要一起去隔壁班同學家打電動。種種跡象，都讓小陸覺得瀅瀅對自己應該也有點好感。

然而，小陸發現，瀅瀅其實同時也有其他走得很近的對象，她會邀約的人其實不只自己。而且，有時候小陸邀瀅瀅吃飯，瀅瀅不見得會答應，某次小陸找瀅瀅一起打game，瀅瀅也說她有事。小陸覺得自己好像有機會，但又感到不確定，搞不清楚他們到底是在曖昧，還是其實自己只是瀅瀅的備胎？

心理學家傑森・迪布爾（Jason Dibble）和米歇爾・德勞（Michelle Drouin）[3]認為，備胎（back burner）指的是「在沒有與對方交往或進入穩定關係的情況下，仍與對方保持某種程度的交流與來往，以保留未來發展的可能性，包含戀愛關係或是性關係」。

為什麼願意當備胎？怕失去、合理化、擔任拯救者

有時候，其實我們也隱隱約約感覺到自己好像備胎，好像對方想找就找、不想理就不想理，讓人感覺也很不是滋味，可是偏偏當對方又來找的時候，又好難狠下心拒絕。這種心態的生成，通常有以下三個原因：

一、怕失去

因為太害怕失去關係，我們有時寧可維持在現階段的情況，維持原狀，好像關係就不會不見、就不會改變，雖然曖昧並不好受，覺得自己像個備胎不被珍惜也很受傷，可是同時間也深怕如果這次對方找我，而我拒絕了對

方，對方會不會下次就不找我了？那這樣是不是我自己切斷了這段關係？是我自己親手葬送了這段關係？因為太害怕失去對方，於是容忍、接受對方反反覆覆的行為，繼續讓自己待在這段關係裡。

二、合理化

為了留住對方、或是為了繼續待在這段關係裡，我們會試圖去合理化種種不合理的情況或跡象，例如：明明對方平常都很有空，會一直聊天、常常傳訊息，但到假日就是會突然沒原因地消失、完全找不到人，但偏偏我們又選擇去相信對方說的，他回家不方便回訊息、他加班不方便聊天……等等，彷彿我們真的相信了這些理由，自己就真的可以好過一點，就不用一直懷疑、一直擔心、一直覺得很不確定……。有時候，合理化是一種我們暫時安慰自己、讓自己留在這段關係裡的方法，因為要是戳破了真相，恐怕也會讓我們感到受傷、難過、不安。

---

3 Dibble, J. L., & Drouin, M. (2014). Using modern technology to keep in touch with back burners: An investment model analysis. *Computers in Human Behavior*, 34, 96–100.

三、擔任拯救者

有時候願意繼續留在備胎關係裡的人可能會想：「或許我可以讓這段關係不一樣」、「或許我可以讓他變得跟以前不一樣」。特別是有的人會告訴你：「我只有在你面前可以感到很放鬆」、「只有你讓我覺得很自在」、「這些話我只跟你一個人說」、「沒有人讓我有這種感覺、只有你」，這些話彷彿讓你以為自己真的很特別，特別到只有你可以改變對方，所以你以為你的等待、你的守候、你的付出是很值得的。

但是，你有沒有發現，他會不會其實沒什麼改變，反而是你被他改變了？你明明心底深處隱約覺得哪裡怪怪的，但你選擇不去看、不去聽、不去感覺，好像忽略掉了，就真的一點也不怪、一點也不痛了，但真的是這樣嗎？夜深人靜的時候，你一個人守在手機、電腦前面等他的時候，你真的感覺到自己是被珍惜、被在乎、被好好對待的嗎？並不是說，你對他的付出沒有意義，當然對他有意義，不然他怎麼會願意把你留在身邊？但是對他來說，他可以享受、接受你對他的好，那你呢？你在這段關係裡的感覺是什麼？你的感覺也很重要，因為不是只有他是重要的，你也很重要！

因此，當你深陷一段不確定的關係，對方遲遲不願正面回應你，也不願與你討論你們現階段關係的狀態，卻仍維持與你某種程度的來往，有時這是個警訊，特別是當對方已經有對象、正處在一段關係中時。研究也發現，即使人們已有穩定關係，仍可能保有備胎，只要他們仍保留與對方發展戀愛或性關係的可能性。

所以，**你對這段關係的感受與觀察，就會非常關鍵，不要忽略你的感受，你的感受是很重要的提醒，就像手機快沒電了會跳出通知一樣，你的感受也在告訴你，你在這段關係裡面的感覺是什麼？這究竟是不是你想要的關係？**

07

如何調適在曖昧關係中的焦慮感與不安全感？

小軒與小薰幾乎是處於旁人公認的曖昧關係，兩人平時也非常要好，但面對小薰偶爾忽冷忽熱的態度，小軒仍然常常感到患得患失。當小薰傳訊息來的時候，小軒就感到很開心，覺得小薰是很在乎自己的；可是當小薰一整天都沒消沒息的時候，小軒就覺得什麼都不對勁，很想傳訊息問小薰在哪裡？在做什麼？為什麼這麼久沒回訊息？是跟誰在一起嗎……？但又很怕一這樣做，感覺很緊迫盯人、讓人很有壓力，反而會把小薰從自己身邊推開，面對心裡時不時冒出來的焦慮、不安，小軒真的不知道該怎麼辦才好……。

在曖昧關係裡，因關係的模糊、不確定，會感到焦慮、不安是很正常的反應，情緒不是問題，問題是我們如何看待、處理情緒。小軒收到小薰的訊息感到開心，其實是一種正向情緒，但我們通常不會說開心不好；可是當小軒沒收到訊息，感到不開心時，我們卻會覺得情緒是不好的。其實，**情緒沒有對錯，情緒比較像是一個訊息、提醒，告訴我們這件事對我們來說的意義、重要性等等。**

小軒收到訊息很開心、沒收到訊息不開心，其實說明了小薰對小軒來說有某種重要性、有某個特別的位置，這是情緒可以透露給我們的訊息，所以情緒其實不是問題，問題是我們如何看待、處理情緒，如果我們覺得情緒是不好的，我們會很想消滅掉它，但情緒不是只有負向情緒、同時也有正向情緒，我們不可能希望自己沒感覺，卻仍然能感覺到快樂，這是一體兩面的。所以，情緒不需要消滅，情緒是有功能的，重要關鍵在於我們如何看待與處理情緒。

處理不安情緒的刻意練習

當我們在曖昧關係中，感受到自己的不安、焦慮時，有以下幾個小技巧可以練習：

一、接納、理解自身情緒

情緒像是一個提醒，它會存在是有重要功能的，你會覺得痛、表示你受傷了，你會害怕、表示有危險。當你有情緒產生時，我們可以練習給自己允許，允許自己可以有情緒、允許自己有情緒是自然且正常的反應。

當我們可以容納情緒存在時，我們才有機會去探索，自己為什麼會有這個情緒、這個情緒想告訴我什麼訊息？

二、觀察情緒帶來的訊息

試著去觀察，什麼時候、什麼情況會讓你有情緒？是對方不回你訊息嗎？是只要到假日對方就會消失嗎？是當你想詢問對方、跟對方討論你們的關係的時候，他就迴避嗎？這些其實都是很重要的原因，不論是誰，或許都會有跟你一樣的感受，當我們感覺到對關係的不確定，甚至發覺要討論關係時對方就會迴避，這其實真的會讓人感到不安。

所以，不安其實是很重要的情緒，這情緒可能來自於你發現——這個人目前對你們的關係是迴避的，對於是否要投入你們的關係是沒有正面回應的，難怪你會感覺到不安，這個不安情緒其實可能透露著關於這個人、這段關係現階段狀態很重要的訊息。不要忽略情緒其實有很重要的功能，能幫助你更了解自己跟你所處的情況。

三、釐清是否真的有危險

我們在關係裡會感到不安、害怕，通常來自於我們感覺到不安全、有威脅、有危險，像是我們可能會猜想對方是不是還有別的曖昧對象、對方是不是其實已經有穩定交往的關係了、對方是不是只想玩玩等等，這些猜想當然會引發我們感覺不安和害怕，但是這些猜測符合現實情況嗎？對方真的有其他的曖昧對象嗎？對方真的已經有交往對象了嗎？對方真的是玩玩的嗎？這些都是需要去討論的。

並不是說猜測是不好的，有時候我們會形成猜測一定有原因，可能是我們觀察到對方會突然消失、觀察到對方會刻意迴避重要的問題、觀察到對方會刻意隱藏或刪除訊息等等，找到原因背後的蛛絲馬跡很重要，這些觀察其實在幫助我們增進對這個人、以及我們現階段關係狀態的了解。

小提醒：如果釐清之後，發現現階段曖昧對象與現階段曖昧關係中並沒有讓你擔憂、或真實存在的可能威脅時，那麼，我們就需要花一些時間去釐清，到底是什麼讓我們感到不安、害怕？有時候，我們可能會受過去經驗影響，讓我們對現在的對象和關係感到不安，但這些不安害怕也有可能並不是現在這個曖昧對象造成的，那這也許就是我們自己要處理的功課了。

---

08 在不確定的關係裡掌握主導權、設立停損點

阿平一直覺得，自己和小欣的進展非常順利，雖然雙方都還在曖昧期，沒有說破，但小欣似乎從來沒有明確拒絕過自己的示好，所以阿平也持續接送小欣上下班、請小欣吃飯、或是不時送上各式各樣的小驚喜等，希望可以為這段感情加溫。

然而，隨著關係進展到某個階段，阿平開始覺得這段關係越來越不對等，例如每到特殊節日時，小欣就會消失不見，問小欣都怎麼過節，對方也總是閃避、沒有正面回應。又例如，幾乎每次都是自己要配合小欣，如果自己說了小欣不想聽的話，或是安排小欣不想去的行程，對方就會直接冷處理，阿平只好趕快放低姿態，感覺這段關係的主導權一直

都在小欣手上。

阿平覺得，他們兩人什麼也不是，自己這樣一廂情願地等對方、對對方好，也常常覺得很累，阿平在想，自己真的能夠繼續這樣等下去嗎？

阿平的心聲，其實很多在曖昧裡的人也會有這樣的困擾，常會聽到像這樣的心情：

「一定是我太黏，所以他才不理我……」

「會不會是我一直傳訊息給他，他覺得我很煩？」

「我應該要更相信他，如果我不相信他，我只會把他越推越遠……」

這些，是不是也是深陷曖昧的你的心情？

可是，真的是這樣嗎？真的是太黏、所以對方不理你嗎？真的是我們把對方推走的嗎？還是對方其實無意投入這段關係中呢？曖昧階段的辛苦之處，在於一切都處於模糊不清的狀態，所以把情況明朗化就特別重要，而這段曖昧不明當中，其實也是彼此在探索，雙方適不適合一起往下走的過程，所以不代表阿平會感覺到不安、害怕是他有問題。

其實阿平會感到不安是有原因的，因為阿平察覺到小欣**在關係中的回應是不一致、不穩定的**，像是平日很有空、假日很沒空，有時候很熱絡、有時候又很冷淡等，而對於這樣的不一致，當阿平嘗試詢問和釐清時，小欣又是會閃躲和迴避的。

有時候深陷曖昧的人常常會自責，怪自己太黏、太煩、或是太懷疑對方，卻忽略掉事情的另一面：對方可能是不一致的、未全心投入的、迴避的。但會不會有時問題癥結點其實不是情緒，而是我們選擇忽略自己的情緒、自己對這段關係真實的看法？當我們忽略掉自己的時候，我們很容易會替對方找藉口、為曖昧找理由，好讓自己繼續留在這段關係裡。

每個人都不一樣、不同的人組成的關係也都不一樣，沒有一套標準可以適用於每個人，只有你自己知道，你願意為這段關係繼續付出、繼續冒險到什麼時候、繼續等待到什麼時候。很多時候，其實是我們自己很難認賠殺出，其實你的感覺都在告訴你，你好厭倦、好痛苦、好疲累，這些情緒都透露著很重要的訊息。可是當你忽略掉這些訊息的時候，其實對你殘忍的不是別人，是自己，有沒有可能是你允許自己不去感受，是你允許自己不去感覺，就沒那麼痛、就可以繼續留下來，是你允許自己繼續留在這段關係裡，因為你還不想放下，難怪你會感覺那麼痛苦、那麼累。

設立付出停損點的刻意練習

要拿捏自己在這段關係中的付出程度、什麼時候設停損點，我們必須誠實地面對自己：

一、停止忽略自己的感受

當你發覺你時不時拿起手機看，看對方有沒有回你訊息，忍不住又開始滑對方的ＩＧ、傳訊息給對方的時候，記得，也要撥三秒鐘的時間給自己，問問自己，此時此刻，你的心情是什麼？明明他說他也會想你，他也想和你試試看，看你們有沒有可能，或許以後的事誰也說不準，可是，對方好像都不會主動想到你、不會傳訊息給你，當你認真問他重要的問題時，他也總是迴避或敷衍，當這些事情發生的時候，你的心情是什麼？

這並不是容易回答的問題，因為我們難免會希望曖昧有結果，但**輕描淡寫地帶過這些對方看似不重視你、看似不在乎這段關係的細節，最後真的會讓你感覺比較好過嗎？還是，延長了你在這段關係裡的痛苦呢？**若你希望可以減緩這種痛苦，這是你可以為自己做的很重要的一步，從停止忽略自己的感受開始。

二、停止合理化

當我們可以停止忽略自身感受時，你會開始注意到一些你先前可能有注意到、卻不小心被你忽略掉的細節。像是對方手機總是朝下擺放，讓你看不見螢幕；他常常跟你傳訊息聊天，卻總是會在重要或特定時刻消失，而不讓你知道原因；他很少會與你計畫未來、約定以後的事；他告訴你現在還不是時候，要你等一等、再給他一些時間；他說他沒有跟別人曖昧、他沒有對象，但總是有傳不完的訊息，而不告訴你那些人是誰……。

有時候，這些情況可能有原因，但對方願不願意告訴你原因？跟你討論發生了什麼事？或是跟你討論你們之間的關係？如果這些答案是不確定、不明確、模糊的，那難怪你會常常對這段關係感到不確定、不安，**因為他的確願意跟你保持某種聯繫，但似乎僅限於用他想要的方式，似乎是他在掌控情況，而不是「你們」。**

如果對方無法告訴你合理的原因，而你卻不停為對方找理由，那你可能已經習慣合理化對方的行為舉止，因為越合理、你越容易在這段關係中繼續留下來，可是，留在這樣的關係裡，你的感覺是什麼呢？記得，只有你可以允許對方繼續這樣對待你，而你的感覺會告訴你，這是不是你真正想要的？

三、練習當照顧自己的知心好友

試著想像一下，如果你有一個好友，他的曖昧對象常跟他聊天，但總會沒有原因地突然消失，或是對方可能常常有不明的訊息或電話，作為他的好友，你的感覺是什麼？你會不會為好友抱不平？你會不會心疼你的好友？你會不會擔心他受委屈？你會不會怕他被騙？

大部分時候，身為旁觀者，我們通常會為自己的好友、家人心疼，可是換成自己的時候，常常會不小心一股腦陷進去，忘了為自己多想一點，所以別忘了，當你開始不小心又陷進去的時候，記得想想你身邊的好友，他們可能也很關心你、在乎你的感受，就像你會心疼他們一樣，記得，要用這樣的心情照顧自己，因為你當然值得被好好地對待、照顧和珍惜！**主導權一直都在你手中，只是你願不願意為自己掌權，好好保護和照顧自己。**

09

不是他不放了你，是你還不想死心——如何離開曖昧的他？

小之和小儕已經曖昧了半年，但小之上個月發現，原來小儕早就有對象，三個月後他們就要結婚了！小之又氣又惱，他其實也不是沒發現對方總是遮遮掩掩、總是迴避小之的某些敏感問題，但每次小之要放棄的時候，小儕又會出現，讓小之很難放手，又回去繼續當小儕的小幫手，聽他說工作上的煩惱、協助他跟其他部門溝通、幫忙他核對季報表……等。

小之曾想過要離開小儕，但每次在公司裡看到他，又忍不住觀察對方在公司裡的一舉一動，甚至偷偷傳訊給對方，總是讓感性控制了理性，讓情感左右了行動，讓這段關係永遠斷不掉……。

身處曖昧中的人特別辛苦，這就像是一個不能說的祕密，說破了擔心曖昧關係破裂；當太痛苦想跟朋友訴苦時，又因為根本沒跟對方談戀愛，好像沒什麼立場去抱怨，但其實**暗戀、單戀、曖昧也是我們付出了心血、精力、時間和感情的一段情感，雖然它不是一段正式、穩定的關係，但已經付出的真心卻是貨真價實的，所以會在曖昧中感到受傷、委屈也是非常自然的感受。**

對很多身處曖昧的人來說，那個模糊也是讓人難以說放就放、說走就走的灰色地帶，但如果你已經給自己一段嘗試與努力的時間，你也發覺再繼續這樣下去，你的情感上、時間上、精力上已經無法負荷了，那你當然也有權利為自己設停損點，有時候及早認賠殺出，是一種對自己的保護和照顧。

而認賠殺出的重點，有人說「長痛不如短痛」，我覺得是相當符合真實情況的，不論是分手、失戀或是要離開你的曖昧對象，都很適用這個原則。怎麼說呢？美國心理學家蓋．溫奇（Guy Winch）[4]博士提到，當人們要脫離一段感情時的大腦機制，就跟一個藥物成癮者要戒毒是一樣的。如果你在

---

4 蓋．溫奇（Guy Winch），《不必為悲傷感到抱歉》（*How to Fix a Broken Heart* (*TED Books*)），天下雜誌，二〇一八。

生活中每天習慣要喝一杯咖啡才上班，我想，光是一天不喝咖啡上班都怪怪的吧？如果你是一個喜歡吃重口味、吃辣的人，突然要你吃清淡的食物，食物對你來說應該也會突然變得難以下嚥吧？或者是一個吸菸多年的人，要他突然不能抽菸，一定也會感到渾身不對勁，更何況一個藥物成癮者呢？

所以，當我們投注相當的情感在一個人身上時，要離開對方，會感覺到痛苦、感覺到困難，其實是很正常的反應，因為那就像是要一個成癮者不能再吸食毒品一樣痛苦，而當大腦經歷這樣的痛苦時，為了減輕痛苦，會無意識地去提取與對方相處互動的美好記憶來麻痺自己，這也是為什麼要離開對方、或準備離開對方的過程中，會不斷想到對方的原因，也是讓失戀者很辛苦的原因，因為我們的大腦會不斷地去回溯過往，就像是取得安慰劑一樣，試圖減輕戒毒的痛苦，但每次再喝一口咖啡、再抽一次菸，其實都讓我們離成功戒咖啡、戒菸更遠。

因此，溫奇博士建議，當你有意識地發現自己會不斷回想，甚至難以抑制住想聯繫對方、傳訊息給對方、瀏覽對方社群網站等行為時，不要忽略自己這些行為，這些行為就像是給戒菸者再吸一口菸、給戒酒的人再喝一杯酒，再多一口其實都無助於戒菸、戒酒，只是讓癮更深。所以，你對自己的行動有意識是非常重要的，記得，有覺察就是很重要的開始，當你有覺察，就有機會嘗試做出新的行動。

為了讓人盡快甩開情傷，溫奇博士提出了「三不」、「三要」原則。

戒斷曖昧的「三不」與「三要」

一、三不

- **不追蹤：**避免追蹤、瀏覽對方的社群媒體。這會強化對方在你生活中的存在感，只會讓你更難接受你們關係已結束的事實。
- **不追究：**避免再去思考關係結束的原因到底是什麼，這只會讓對方更加占據你的心思，無法讓你往前邁進。而在你未來的生活中，對方只是多餘的，接受任何符合現實情況且能保有你自尊心的解釋，例如：對方就是不願意承諾；他放任自己停留在負向情緒中，而不願面對或處理現況……等。

- **不保留**：移除任何會提醒你關於這段關係、引發你痛苦感受的事物，例如照片、訊息及相關的物品。

二、三要

- **要自主**：列出你在前段關係中，不得不做出的退讓、妥協清單（這會幫助你看到，不想再延續到下段關係中的妥協和退讓）。
- **要同伴**：與你的朋友聯絡、建立起你的社會支持圈。心碎無所不在，每個人都有自己面對心碎的智慧，向你的好友們索取智慧、溫暖與養分吧！
- **要行動**：也許原本有興趣、喜歡的活動，對現在的你來說，看起來不是那麼有趣或開心，但嘗試去做一些會讓你開心的事吧！即使只有一點點都好，這些行動對於走出情傷是非常重要的，這也是奠定你復原進程的關鍵。

讀完三不原則，我猜你可能會覺得很失望，因為這些根本做不到！你知道嗎？此時此刻的「做不到」其實「非常正常」！因為，我們要對抗的是「成癮」的過程，而此刻身處情傷中的我們，就像是一個「戒癮者」。

想像一下，戒菸、戒酒、戒咖啡、戒甜食、戒宵夜、戒重鹹、戒麻辣……，這些事情有多難？更何況你投注那麼多心力、時間的一段感情？而你失去的遠遠不只一段感情而已，還有你的自我價值、你對感情／對人的安全與信任感等等，你現在的「做不到」都跟這些有關，讓你痛上加痛，因而不自覺再次自動提取止痛藥（你們的過往美好回憶），再次供應你心碎成癮的關鍵毒品，使你持續上癮。

所以，請不要苛責現在做不到的自己，你不需要馬上戒癮、一步到位。你可以開始練習「自我接納」，練習理解和接納自己的「此刻我還做不到」、「理解因為曾經很愛，而傷得很深」的自己。

當你願意開始這一步，我們就在復原的路上了。這過程一定會很不容易，但你不需要自責或自我埋怨為什麼我做不到，因為我們本來就無法一步到位。就如同，身體受傷都需要時間修復，更何況心理的受傷呢？

所以，你不需要逼迫自己一定要立刻做到上述建議的「三不」原則，因為大腦是這樣的，你越是壓抑或強迫它，它越容易反彈和失控呢！就像是，我要求你一定不可以想白色大象，你現在腦海中是不是就出現了白色大象呢？所以，你不需要逼迫自己一定要做到「三不」，你可以把「三不」原則放在心裡，等到你準備好了，可以試試看的時候，再一點一點地嘗試即可。

與戒斷症狀好好共處

所以，上岸的第一步，**請練習用「自我接納和理解」與戒斷症狀共處**。

「三不」破功了也不用自責，試著告訴自己：「這過程很正常，戒癮本來就需要時間。」當鼓起勇氣試了，但又破功的時候，也不需要責怪自己「為什麼就是走不出來」、「為什麼還要一直想他」、「就是一直想他，所以才會這麼痛苦」。在療傷的過程中，一定會來來回回地反覆擺盪，這是很正常的反應和過程，你可以給自己多一些緩衝、多一些理解和接納，這就是療傷必經之路。

太痛苦的時候，你還有「三要」原則可以用。

若那些在失戀後的戒癮症狀真的把你搞得疲憊不堪，別忘了，你還有「三要」原則，可以隨時拿出來緩衝。具體的「行動」可以確實改善情緒、知覺反應，也會一步步幫你建立起生活的節奏與掌控感；隨著你所投入的行動和時間演進，這一切也會慢慢越來越好，很有可能隨著你越投入行動，自然而然之間，同時就毫不費力地做到了「三不」喔！

刻意練習的盲點：
過度時會造成對方壓力，應如何拿捏界限？

✕是你造成他的壓力，讓他不願意進入關係

有時大家會以為是自己做錯什麼、自己哪裡做不好，所以曖昧才會卡在這裡、所以關係才會結束；但有的時候，曖昧沒有結果，與我們做了什麼不一定有直接的關係。因為關係是由兩個人組成，除了我們之外，對方或許也占了一半的因素，對方可能有他自己的原因、有他自己的偏好、有他自己的想法和感受，這不一定與你好不好有關。

這有點像是，有的人特別喜歡烏龍茶、不喜歡紅茶，不代表紅茶不好，只是這兩種茶不一樣。人也是不一樣的，不一定是誰做得比較多、誰做得比

較好，只是我們都不一樣，當我們嘗試過為這段關係努力，當我們也盡力時，就不需要過度挑剔或責怪自己，這其實是很勇敢的表現，因為我們願意冒險為自己試一次，看看我們是不是適合彼此。

若發現不適合，其實也不一定是壞事，勉強和不適合的人在一起，就像穿一雙不合腳的鞋，其實會讓你的腳磨得又腫又痛，如果你發現曖昧過程就讓你感覺到很痛了，何須讓自己繼續走得又痛又辛苦呢？我們可以把主導權拿回來，主導權其實一直在你手中，你當然可以為自己打算，好好地保護與照顧自己。

○尊重自己與尊重對方，是對彼此、對關係最合適的互動方式

曖昧關係裡有時包含了追求彼此、試探彼此的過程，過程中雙方都在探索兩人適不適合，有時試探的過程，可能會造成彼此的壓力，需要注意的是：追求並不是用自以為對方會喜歡的方式、用一種「我喜歡有什麼不可以」的方式、用一種「只要努力一定有機會」的方式去博得對方歡心，博得

對方歡心需要用對方式，不然用錯方式，即使做一百次、做一千次、做一萬次都一樣還是錯的，只是一樣帶來錯的結果。

你使用的方式，是不是對方喜歡的？是不是尊重對方、尊重自己的呢？只有尊重，能夠讓一段關係長久，適時觀察對方的表情與反應、理解對方的感受、聆聽對方的想法，這都可以是我們更了解對方的關鍵，當你越了解對方，越有機會找到投其所好、適合你們的互動方式。

第三章 我們曾經無話不說，怎麼變得無話可說？

交往之前聊得天南地北，交往之後滑著手機相視無言，這是多少關係的寫照呢？

感情可以從大江奔騰變成細水長流，

但也有可能從細水長流變成枯竭乾涸，

想讓一段關係長久保鮮，究竟可以做些什麼呢？

10 我們的愛情屬於哪種類型？需要什麼要素來經營？

愛讓我們走在一起，但又讓我們從無話不談，變成無話可說，愛情到底是怎麼一回事？美國心理學家羅伯特．史坦伯格（Robert Sternberg）[5]提出愛情三元論（Triangular Theory of Love），他認為愛情具有三種基本元素：承諾（commitment）、激情（passion）、親密（intimacy），而這三元素可相互組成，成為八種不同類型的愛情關係。

愛情基礎三元素

- **承諾**：對關係的界定或是想法上的認定，包含：開始決定愛一個人，或是長期與對方維持關係的意願及決定。

- **激情**：雙方關係中引發浪漫感（romance）、身體吸引力（physical attraction）等令人興奮的性驅力與強烈吸引力。例如：看到心儀對象靠近時，會感到心跳加速、興奮的生理反應。
- **親密**：雙方心靈的契合、彼此的了解，因著溝通、互動、心與心的交流，讓彼此有深刻的認識，而產生的親

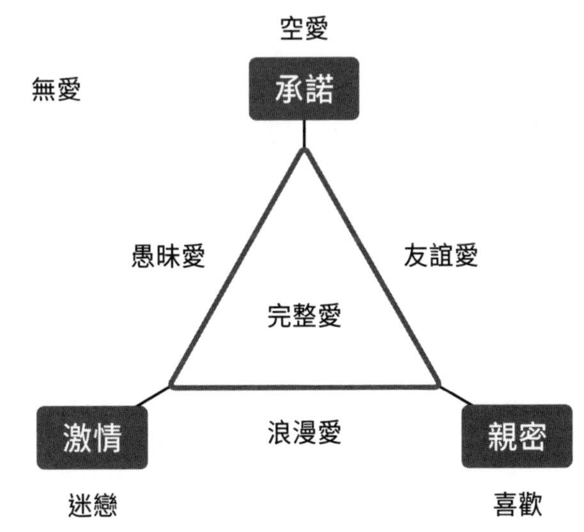

5 Sternberg, Robert J. 1988. "Triangulating Love," in Robert J. Sternberg and Michael L. Barnes Eds. *The Psychology of Love*. *New Haven*, CT.: Yale University Press. p. 119-138.

近感（close feeling）、連結感（connected feeling）及一體感（bonded feeling）。

三元素形成的八種愛情類型

一、只有承諾元素：空愛（empty love）

當一段關係中只有承諾，沒有親密也沒有激情，即稱為空愛。像很多人描述關係長跑多年，而忽略持續經營，關係中只剩下承諾，雖熟悉卻感到空洞的狀態。或是相親結婚，雙方不認識，沒有友誼基礎、對彼此也沒有性吸引力時的狀態。

二、只有激情元素：迷戀（infatuation）

當一段關係只有性吸引力、性驅力，稱為迷戀。常見於一見鍾情、一夜情的情況裡。

三、只有親密元素：喜歡（liking）

當一段關係中只有對彼此的了解、心靈的契合時，稱為喜歡。常見於友誼中體驗到的心靈交流帶來的親近感與連結感，像是友誼中單純的喜歡，例如：青梅竹馬。

四、承諾＋激情：愚昧愛（fatuous love）

一段關係充滿性與身體吸引力的激情，又有海誓山盟的承諾，很多愛情電影都有類似的劇情：一見鍾情、閃電結婚，在缺乏對彼此的認識與了解下，要以長期關係為目標發展，其實要讓關係穩定下來相當不容易，因激情容易來得快、去得也快，後續關係將只剩下承諾。

五、承諾＋親密：友誼愛（companionate love）

擁有親密友誼和對關係的承諾，沒有激情，像是青梅竹馬從小一起長大，相當熟悉彼此，彼此間沒有性的吸引力、兩小無猜的戀愛。有時，也常見於老夫老妻的關係中，年輕時的激情已消退，但仍有深厚的友誼情感、也有對關係的承諾。

六、激情＋親密：浪漫愛（Romantic love）

一段有親密友誼和性吸引力的戀愛關係，經典的浪漫愛情故事——羅密歐與茱麗葉就是很好例子，或是暑假發展出的夏日戀情，有親密的友誼、也有身體吸引力，但無法給彼此承諾。

七、承諾＋激情＋親密：完整愛（Consummate love）

一段同時具有承諾、激情與親密的關係，稱為完整愛，不只擁有性吸引力，也有親密友誼的基礎，再加上雙方的承諾，讓戀愛關係得以長期維持。

八、無愛（nonlove）

沒有性吸引力、沒有友誼、也沒有承諾，完全沒有愛情關係。

認識完三種愛情基本元素、八種愛情類型，你也可以運用這三元素來幫自己分析一下[6]，試著當自己的戀愛分析師，假設每一個元素項目滿分是十分，你覺得你歷任以來的戀愛關係，這幾個元素表現如何？少了哪一個元素？或是哪個元素還可以多加強的？這些都可以幫助自己對過往關係有多一些認識、了解，知道可以嘗試調整的方向喔。

童年成長經驗對我們有關鍵性的影響，尤其是我們嬰幼兒時期與父母或主要照顧者的關係，是否讓我們對自己、對他人、對世界感到有信任感、有安全感，形成我們成年後的依附風格（attachment style）：安全依附、焦慮依附、逃避依附，依附風格深深影響著我們成年後的感情關係。

6 參考郭雅真諮商心理師的愛情自我探索團體課程內容。

關係／元素	承諾	親密	激情	總分
範例	5	8	6	19/30
第一段				
第二段				
第三段				

你可以先初步運用愛情三元素，為你生命中看到的第一對伴侶——你的父母或主要照顧者的婚姻關係評估一下，這麼做並不是要評斷父母，而是幫助你重新整理這段關係對你的影響力，這有可能真的是我們從小耳濡目染學習到關於愛情、婚姻的最初經驗，你從他們身上學到什麼？或者是你「希望」、你「想要」從他們身上學到什麼？什麼樣的關係是你期待在你的感情裡看見的呢？雖然我們無法決定我們的出身，但我們當然有機會選擇接下來的人生，我們想要怎麼過、怎麼經營自己的關係。

11 為什麼我已經這麼努力，他就是感受不到？

小奐和小節正在交往，但小奐卻常常被小節抱怨自己不愛他，小奐很困惑，不知道自己哪裡沒做好，所以詢問了小節。小節不滿地回答：「你都不會問我今天過得好不好？今天在公司怎麼樣？也不會沒發現我有時候跟平常不一樣，即使我有特別打扮……你都不會關心我……」

小奐覺得很冤枉，急忙解釋：「我都有去接你下班、帶你去吃飯，然後再送你回家，有空就會帶你出去玩，這就是我很在乎你的意思啊！」

小節聽完撇撇嘴，雖然心裡覺得小奐說的好像也對，但就是暗暗覺得這樣不夠，小奐則滿頭問號，搞不清楚小節到底想要什麼？

美國資深婚姻諮商心理學家約翰．高曼（John Gottman）[7]提出情感帳戶（emotional bank account）的概念，他形容人與人之間的關係，就像銀行帳戶一樣，擁有一個情感上的帳戶，情感帳戶象徵著關係裡情感互動的存款與負債。高曼博士發現，一對關係品質好的伴侶，通常都維持著豐厚存款的情感帳戶，但面臨關係危機的伴侶，通常伴隨著負債累累的情感帳戶。

生活中，我們可以透過正向互動來增加情感帳戶的存款，相反地，當我們產生負向互動時，則是從情感帳戶裡扣款。

情感帳戶的存款，可以是一個簡單的舉動——嘗試向你的伴侶表達你對他的關心和支持，例如：在伴侶辛苦工作一整天後，揉揉他的肩膀；或者是在伴侶重要的面試前，傳一封充滿愛意與支持的訊息給他。

一對關係品質好的伴侶，通常能注意到另一半的關心與支持，也就是對方「嘗試存款」的行動，並且能適時給予對方回應、感謝；相反地，當關係缺乏安全感時，也很可能產生讓彼此受傷的互動，像是對另一半生氣、不耐煩，或者是錯失了、忽略了另一半表達好意、關心與支持的行動，這都可能帶來情感上的扣款。

這樣一加一減，代表情感帳戶的存款與扣款的機制是相同的嗎？不是的，高曼博士透過實證研究發現，**當關係受傷（扣款）時，平均需要五個存款的行動才可能修復一個扣款的行動，**關係良好的伴侶大部分都能維持這樣的「五存款：一扣款」的互動比例。而平時在關係中多累積正向的行動，也就是在增加情感帳戶的存款，以備不時之需，若哪天不小心讓伴侶傷心、不小心破壞關係，帳戶中仍有存款得以緩衝，對方仍可能因為兩人關係信任感、安全感足夠，願意在關係中持續嘗試與努力。

但這是在關係還在可以修復的前提下，仍可藉由存款來修復關係。若關係已長期累積許多未處理的議題而岌岌可危、動輒得咎，即使一方嘗試發出善意的邀請，都很可能因為兩人累積多年未處理的愛恨糾葛，使得關係像是在走鋼索一般，兩人都感受到強烈的不安全感，而難以卸下防備，無法相信和接受對方的好意了。所以，平時多加刻意保養，其實對長期經營關係來說，是更省力、輕鬆的，以免將小問題長期累積成了大問題，就需要耗費更大的力氣去維修了。

---

7 約翰・高曼（John M. Gottman）、妮安・希維爾（Nan Silver），《七個讓愛延續的方法》（*The Seven Principles for Making Marriage Work*），遠流，二〇一六。

為關係「存款」的刻意練習

那麼，平時可以如何增加存款呢？我們可以參考婚姻輔導專家蓋瑞．巧門（Gary Chapman）提出的五種愛之語（five love languages），來探索自己和伴侶的愛的語言，找到適合彼此的存款方式。

巧門博士[8]認為有五種表達或感受愛的方式，他稱之為愛的語言，分別為：

- **精心時刻（quality time）**：對愛之語是精心時刻的人來說，他們最能感受到愛的時候，是當他們的伴侶能主動願意花時間和他們在一起，他們特別喜歡被傾聽、眼神接觸和全心全意投入在一起的感受，這對他們來說是關係裡最重要的部分。精心時刻重點在於全心全意、專注在伴侶身上，不受電視、電話、電腦或其他外在的事物干擾，只有兩人相處、共享的特殊時光。
- **肯定言語（words of affirmation）**：以肯定言語為愛之語的人，重視對感情的口頭肯定，例如：口頭上頻繁地表達「我愛你」、「我很在乎你」等，讚美、讚賞、稱讚等口頭鼓勵，或者是頻繁的簡訊、或是社交軟體的訊息互動等。對這類型的人來說，口頭或書面上的表達很重要，這些表達能夠讓他們感受到被理解和被欣賞。

- **服務行動（acts of service）**：若你的愛之語是服務行動，你會很珍惜伴侶用心透過行動讓你的生活更輕鬆。例如：生病時伴侶幫你買熱熱的粥、早晨為你煮咖啡、或是當你工作很忙時幫你倒垃圾等。對愛之語是服務行動的人，他們相信「坐而言不如起而行」，這類型的人對於甜言蜜語沒什麼興趣，他們更重視自己如何被珍惜、好好對待。
- **身體接觸（physical touch）**：以身體接觸為愛之語的人，在牽手、親吻、擁抱、窩在一起、性愛等身體接觸時，最能感受到被愛。對這類型的人來說，肢體的親密和撫觸能帶來強烈的情感連結。當他們願意被肢體碰觸時，他們能藉由擁抱、親吻、依偎等接觸，感受到被欣賞、溫暖和安心的感覺。

---

8 蓋瑞・巧門（Gary Chapman），《愛之語（增訂版）：永久相愛的祕訣》（*The 5 Love Languages*），中國主日學協會，二〇二一。

• **接收禮物（receiving gift）：**禮物是一個相對直接的愛之語，愛之語是禮物的人，收到禮物時，會特別感受到被愛。巧門博士稱禮物為「愛的視覺象徵」（visual symbols of love），也就是說重點不在於禮物的金錢價值，而在於背後的象徵意涵。這類型的人看重的是送禮背後的過程：仔細思考、刻意挑選可以代表這段關係的物品，以及收到禮物帶來的情感效益等。他們喜歡被賦予意義的、能反映他們價值觀的禮物。

巧門博士認為，每個人都有一個主要的愛之語和一個次要的愛之語。讀完之後，想想看，當對方給你哪一項，是最能讓你感到被愛的呢？你可以邀請另一半跟你一起做這個練習。找到一個好位置，別讓對方看到你的答案，等你們雙方都作答完畢後，再一起核對，看看你們對彼此的了解如何？

試試看：對你來說，什麼最能夠讓你感覺到被愛呢？按最能感受到的愛排序，感受到最多愛是一，依序排至五，你心裡的排序是什麼？

我的愛之語：

一、＿＿＿＿

二、＿＿＿＿

三、＿＿＿＿

四、＿＿＿＿

五、＿＿＿＿

猜猜看：對你的另一半來說，什麼最能夠讓他感覺到被愛呢？按程度順序試著猜猜看吧！

伴侶愛之語：

一、＿＿＿＿

二、＿＿＿＿

三、＿＿＿＿

四、＿＿＿＿

五、＿＿＿＿

核對完之後，重要的不是答案對錯、誰好誰壞，重要的是透過這個過程，幫助你們更認識、了解彼此，以找到讓你們關係可以增加存款、增加正向互動循環的方式。

你們可以試試看以下的討論：

- 通常我最常給另一半的是什麼呢？
- 什麼原因讓我常常給對方這個呢？這是不是我最喜歡的愛之語呢？
- 當我這麼做的時候，我希望帶給對方的是什麼？
- 而當我這麼做的時候，對方是不是能真的收到呢？
- 如果對方沒有接收到我想給他的愛，怎麼做可以讓對方收到呢？
- 我常聽到另一半的抱怨是什麼？這會不會是另一半的愛之語呢？
- 通常我最常收到另一半給我的是什麼？這是不是另一半最喜歡的愛之語呢？

除此之外，你也可以探索一下，你的父母最常給你的是什麼？有時候，我們也會從父母那裡學到，對待我們身邊重要的人的方法，這會不會是你最常給其他人的項目呢？

透過這個討論，有點像是調整兩人溝通、傳愛、互動的頻率，通常伴侶都是很在乎對方、很愛對方的，只是可惜的是，雙方會有自己習慣的頻率、表達愛的方式，只是我們自己習慣傳達愛的方式，不見得就會是對方能接收到愛的方式，因此藉由這個小練習可以幫助雙方去調頻、核對、澄清，讓彼此更了解對方接收愛、表達愛的方式，讓雙方可以在同一頻道上，用對方可以理解的語言，讓彼此都可以在關係裡傳達愛與感受愛。

若討論開始失焦、開始有情緒、雙方關係感到緊張時，記得：先暫停一下，緩一緩，提醒自己，我們一開始進入這個討論的目的：幫助我們認識、了解彼此，以增加關係的存款、增加正向互動循環。如果需要休息一下，或許可以暫停一下、做點別的事，等到情緒緩和了，雙方都有餘裕、意願、時間的時候，再討論也不遲喔。

12 三天一小吵、五天一大吵，我們還走得下去嗎？

小謙和小玄最近吵架吵得很厲害，這一天兩人又因為雞毛蒜皮的小事大吵一架，吵得不可開交，小謙越講越生氣，帶著控訴的語氣問小玄：「你是不是不愛我了？」

小玄聽到小謙的質問，非常不耐煩地回應：「同樣的問題，到底要我講幾遍？」

小謙更生氣地回應小玄：「我會一直問，就是因為我根本感受不到啊！你到底有沒有想過我的感覺？」

小玄越聽越氣：「那你為什麼不檢討自己？感受不到可能是你的問題啊！我已經做了這麼多，你還感覺不到，那我也沒辦法！」

小謙一邊大吼、一邊流著淚說：「對啊！反正都是我的問題！你都沒有問題！你這個自私的爛人，我當初為什麼會跟你在一起……」

小玄看到小謙失控激動的樣子，冷冷地回應：「你已經失去理智，只會對我人身攻擊，這樣繼續講下去一點幫助都沒有，我不想再說了。」說完之後，小玄轉身拿起外套離開，留下哭泣不已的小謙一人……

表達憤怒真的對關係不好嗎？高曼博士曾對已婚三十年以上、滿意度良好的夫妻做過研究，研究發現：在這些滿意度良好的夫妻中，即使關係中有衝突與憤怒表達，他們的婚姻滿意度仍然是高的。

為什麼呢？這說明了憤怒對關係不見得是壞事，重點是我們如何表達憤怒。**憤怒的情緒是有功能的，憤怒表示我對情況不滿意或感覺到被攻擊，表示我們希望情況可以有所不同。當我們表達憤怒時，有一個很重要的功能是——表達我們的期待。**

相反地，當我們不知道一個人的期待時，就很難了解什麼會讓他高興、什麼會讓他生氣。我們當然都或多或少想做些什麼讓對方開心，可是當另一半從來不生氣，你會不會覺得有點不安、有點緊張、有點心急或有點恐怖？你會不會開始擔心：我都不會讓你受傷嗎？你都不會不開心嗎？你是真的不會生我的氣嗎？還是你其實生氣了但沒說出口？

生氣是有功能、有用處的，若要每個人都不要生氣、或是即使生氣時也不要表達出來，其實會限制我們表達自己的需求，無形中也可能阻隔了我們與他人的溝通。因此，生氣本身不見得是問題，關鍵在於如何表達生氣，而有些表達方式是對關係有害的。

讓關係邁向末日的憤怒表達方式

高曼博士[9]發現當關係出現這四種跡象——「末日四騎士」（four horsemen of apocalypse）時，表示你的關係正走向末日：

一、批評（criticism）

批評涉及人身攻擊，與對事情提出建設性意見是不同的。批評會牽涉到攻擊伴侶的特質、人格，當一方開始批評時，其實很可能會攻擊到對方整個人。

例如：「你從來沒想過你已經影響到別人了！我就不相信你有那麼健忘！你就是自私！你從來都不會為別人著想，更不會為我著想！」

當批評持續且長期存在，而未被妥善處理時，接續的末日騎士很快就會到來。

二、輕蔑（contempt）

輕蔑是四騎士中最有殺傷力的，例如：嘲笑、嘲諷、諷刺、藐視、翻白眼等，會讓對方感到一文不值，其實是非常傷害伴侶和關係的。輕蔑比批評更傷害關係，批評攻擊的是對方的人格特質，輕蔑則是採取高高在上的姿態去數落對方。

---

9 約翰．高曼、妮安．希維爾，《七個讓愛延續的方法》，遠流，二〇一六。

例如：「你整天在家閒著沒事幹，連衣服都沒有時間洗是不是？你到底是在忙什麼偉大的事情啊？你真的很強欸！我真的很佩服你！」

輕蔑往往來自於長期壓抑對伴侶的不滿，若不解決雙方歧見，當下次衝突發生時，這些累積的不滿就很容易再次爆發。且研究中也發現，輕蔑是最容易導致離婚的預測指標，必須適當地處理與解決。

三、防衛（defensiveness）

面對另一半的批評，防衛是很典型的因應方式。尤其當關係岌岌可危時，防衛幾乎無所不在，特別是當我們覺得被不公平對待時。但防衛常帶來反效果，讓人感覺像是在為自己的行為找藉口、不負責任之外，也像是在反擊、攻擊對方。

例如：「你只會指責我不幫忙，你知道我今天有多忙嗎？為什麼你就不願意體諒我一下？你只會要求我，那你自己呢？」

雖然壓力很大、或受到攻擊時，防衛是下意識的自然反應，但此法往往不會帶來我們想要的結果。防衛只會讓伴侶覺得被責怪、讓衝突加劇，而非帶來有建設性的衝突解決。

四、漠視（stonewalling）

當長期面臨另一半的批評、輕蔑與防衛時，遲早有一天，其中一方會把對方的話當作耳邊風，就像是開始從互動中淡出、像「關機」一樣。

一般的互動中，傾聽者通常會用肢體或語言表現出自己正在聆聽，像是看著對方的眼睛、點點頭、或給予口頭上的回應。但進入漠視狀態時，一方可能會充耳不聞、裝忙、低頭不講話或是看旁邊等方式。

通常漠視並不會在衝突一開始就出現，但是當批評、輕蔑、防衛一再在關係裡出現，當兩人負向情緒與負向互動長期累積到一個程度時，漠視就有很高的可能會產生。

因此，問題不是生氣，關鍵是如何表達生氣。我們可以先從找到生氣背後的刺激源（引發我們生氣的原因）開始，找到刺激源，我們才能夠了解到自己真正的需求是什麼（我對什麼感到不滿、我期待或需要的是什麼），

重點是表達期待和需求、而非憤怒的情緒，並藉由破壞性低、有效的表達方式，來跟另一半表達，這才有可能讓訊息有效地被對方接收。

高曼博士[10]也提出末日四騎士的解方，我們可以藉由這四個技巧來刻意練習停止負向互動、開啟正向循環：

避免破壞關係的刻意練習

一、批評解方：溫和重啟對話

批評的解方是抽取掉責怪成分，轉而運用溫和的語氣開啟溝通對話。「我訊息」是一個很好的練習方式，避免使用「你」開頭。**用「你」開頭表達時，比較容易產生批評、指責、攻擊對方的情況，相反地，可以使用「我」開頭，運用溫和的語氣，把重點放在表達自身需求。**

批評：「你從來沒想過你已經影響到別人了！我就不相信你有那麼健忘！你就是自私！你從來都不會為別人著想，更不會為我著想！」

解方：「當你忘記打電話給我的時候，我覺得很緊張、擔心，我希望我們可以一起討論、解決這件事。」

表達重點：語氣請**溫和**，並聚焦在我感受到什麼、我需要什麼。

參考句型開頭：

感受：「我覺得……」（表達心情）

客觀事件：「當……、因為……」（描述事件）

需要：「我希望……」（表達需求）

小提醒：並不是所有的「我」開頭句型都是我訊息，關鍵在於避免用「我」開頭句型，產生批評、指責、怪罪的句子。

×我覺得你是故意的

×我覺得你很自私

---

10 Lisitsa Ellie (2013). The Four Horsemen: The Antidotes. Retrieved May 31, 2021, from The Gottman Institute Website: https://www.gottman.com/blog/the-four-horsemen-the-antidotes/

心情、感受、情緒通常可以用一個簡單的語詞描述，例如：快樂、難過、悲傷、愉悅、厭煩、害羞、生氣、受傷……等，如果不確定這個語詞是不是情緒，也可以試試看運用「我覺得……」來造句，如果是情緒語詞，通常會像這樣：

○我覺得開心
○我覺得難過
○我覺得痛苦

我訊息從「我感受」開頭，是希望幫助個人探索自身的需求，情緒背後往往帶著情感需求，重要的是用溫和、尊重的方式表達與溝通需求，而非責怪或批評對方，責怪與批評很難帶來我們想要的結果。

二、輕蔑解方：表達欣賞、尊重

輕蔑往往帶著一種高高在上的態度，對關係非常具有破壞性，也是離婚率最高的預測指標，在關係中必須要避免。輕蔑的解方是：互相尊重、並在關係中建立互相欣賞的氛圍，關係中越常表達對彼此的欣賞、感謝、愛意和尊重，越能對彼此抱持正向觀點、減緩對彼此的負向感受，就像幫關係增加緩衝，讓關係不再走在鋼索上，而是康莊大道上，讓兩人在關係中有更多安全感，可以走得更穩健，而非感到不安、小心翼翼。

輕蔑：「你整天在家閒著沒事幹，連衣服都沒有時間洗是不是？你到底是在忙什麼偉大的事情啊？你真的很強欸！我真的很佩服你！」

解方：「我可以理解你今天一定也很忙，如果你可以幫忙洗衣服，我會很感激。」

解方裡表達對對方的理解是相當關鍵的，當我們可以理解對方時，就比較不會批評對方，相反地，我們可以用一種平等、尊重的角度，向對方表達請求與協助，並能夠向對方表達感謝。

三、防衛解方：承擔自身責任

很多人被批評時，很自然地會下意識防衛，但問題是，防衛並不會解決問題，反而可能激發更多紛爭。

防衛：「你只會指責我不幫忙，你知道我今天有多忙嗎？為什麼你就不願意體諒我一下？你只會要求我，那你自己呢？」

解方：「抱歉，我今天早上應該先問你可不可以幫忙，因為我知道我今天超級忙，這是我該處理的，我現在來處理。」

防衛時，為了保護自己，我們會試圖為自己辯解，但有時解釋中也會不自覺責怪對方，因此放下防衛，可以從承認自己的錯誤、表達對對方的理解，及為自己負起責任開始。

四、漠視解方：中場休息再回來

當雙方的爭執沒有減緩、卻不斷升高時，面對伴侶的輕蔑，漠視往往是一種可以保護自己，從高張的情緒壓力中退出的方式。當雙方衝突升高，不如讓彼此休息一下，先暫停讓彼此關係更惡化的互動，休息至少二十分鐘以上。

雙方可以約定好一個暫停的調停說法，試試看用溫和的語氣告訴對方：「我發現我們開始互相攻擊對方了，我不想讓我們都受傷，我們先休息一下，等我們都好一點了，我們再一起討論好嗎？」調停的說法，可以因人、因伴侶而異，找到你們都有共識的調停默契即可。

這中場休息的二十到三十分鐘時間，可以找些能夠安撫自己情緒的事情做，幫助自己的情緒穩定下來。待彼此情緒和緩、冷靜下來之後，記得再回來，以尊重和理性的方式，共同討論和解決問題。

統整一下，我們可以發現，要放下末日四騎士的互動，有很大的關鍵是我們要放下自己的攻擊與防衛，嘗試去理解對方、表達歉意，甚至有點示弱的意味。這其實不太容易，需要一些時間練習，因為當關係出現衝突或危機時，人本能的生存反應是戰鬥（fight）、逃跑（flight）或僵呆（freeze），是為了保護自己、讓自己生存下來很重要的方法，因此，你可能也會發現到「明明理智上知道要好好說，實際上卻做不到」，這是很自然的反應。

也就是說，有時關係出現了挑戰與困難，不見得只是溝通技巧的問題，關係好不好、穩不穩固、有沒有足夠的信任感與安全感，才是根本上的關鍵。因為當關係是夠好的、穩固的、有足夠的信任感與安全感時，即使關係中面臨危機，仍能讓伴侶有空間願意相信對方、與對方一起持續嘗試和努力。當我們在關係中覺得安全、覺得自己是重要的、感覺到被愛、覺得對方是可依靠且可信任的、覺得我們是並肩作戰而非孤軍奮戰的，這讓我們得以在關係中願意一起負重前行、面對生命中各式各樣的挑戰與困難。

關係好的伴侶不代表他們就不會吵架、或是完全不會做出傷害彼此的事，但是他們擁有足夠的復原力、包容力、解決問題的能力。就像是唇齒相依——連牙齒都可能會咬到嘴唇，更何況是日日相伴的伴侶？**我們要努力的目標，不是避免衝突或期待永遠都不吵架，而是讓我們的關係增加韌性及解決問題的能力。**

首先，從不增加彼此的痛苦開始，要停止讓彼此痛苦，停止關係中的惡性循環互動就是非常重要的第一步，要是我們沒辦法讓關係止血，在關係不停失血的情況下，我們自然會感覺到痛，人在感到痛苦時很難做到有好的情緒、能包容、接納並與對方好好地互動，因此更有可能讓彼此受傷，而在不停受傷、又再次失血的情況下，我們怎麼可能奢望關係可以堅忍不拔地越走越遠呢？很有可能就先失血過多陣亡了。

所以，我們可以先從減少末日四騎士互動開始，當關係傷口的血止住了，關係體質養好了，補品（正向互動）的營養（好意）才有機會被身體（關係）吸收，不然體質不好、消化不良，再多的補品都很難被吸收。

13

當關係起了變化，如何停止互動中的惡性循環？

小關跟小楷交往好一段時間了，兩人從學生時代就認識，剛開始談戀愛的時候，兩個人整天形影不離、無話不談，雖然只是一起散步、看書，只要對方在身旁，就覺得好幸福、好滿足。但最近兩個人開始吵架，從擠牙膏的位置、脫襪子的方式、髒衣服要放哪，大小事都可以吵，每次吵架，小關都會一直逼問小楷到底哪裡不滿、到底希望他怎麼做，卻因為處在盛怒之下，口氣常常咄咄逼人；小楷看到這樣張牙舞爪的小關，根本不想跟他多說，這時小關就會更加激動……。

久而久之，小關後來也懶得講了、小楷接著也不想問了，雖然看起來爭吵變少了，小關卻覺得兩人之間的火花好像不知道什麼時候已經消失了，小楷也覺得對彼此的感覺好像越來越淡了……

運用愛情三元素來看小關和小楷的關係，或許可以發現他們曾擁有過親密、激情、承諾元素，學生時期他們曾是好友，戀愛初期也有過熱戀甜蜜期，也有了交往的承諾，但歷經許多互動相處的時光，兩人開始有磨合和爭吵，似乎過了熱戀期的激情，兩人只剩下承諾，關係發生了什麼事？

關係的變化不是一瞬間，之前發生什麼事才是關鍵

關係的變化往往不是一瞬間，很多人會以為關係放久了，有一天就會變質，像保存期限過了一樣。但食物會開始腐壞，往往不是保存期限到了那一天立即腐敗，而是過程中未好好保存，一開始可能只是暴露在空氣中，接著接觸到空氣裡的氧氣、水分、細菌，慢慢氧化、潮濕、滋生細菌，最後才變質。

有時關係也像是這樣，兩個人在一起，會經歷很多大大小小的事情，但不見得每一對伴侶都會無疾而終，如何讓關係歷經挑戰仍歷久彌新，兩人的互動與因應方式就很重要。

故事裡的小關和小楷「感覺淡了」，只是目前兩人關係表面上顯而易見

的結果，但在走到這之前，關係裡發生了什麼事，以至於讓關係走到這裡，這才是關鍵。像是兩人很多地方不一樣，會磨合、會爭吵是很自然的事，但當磨合、爭吵發生時，兩人如何看待爭吵？如何因應爭吵？最後爭吵怎麼結束？這都很重要的。

例如：小楷覺得吵架只是讓彼此講出傷人的話，覺得先冷靜，等冷靜之後再說。但小關看到小楷不說話，覺得小楷不在乎，越想越生氣，越生氣就越大聲跟小楷吵架，讓小楷很受傷，小楷更覺得吵架只是傷感情，不如不說。小楷越不說，小關就越緊張，小關越緊張、就越生氣，越生氣就越大聲；小關越大聲，小楷越覺得吵架是沒有用的、是傷感情的、越不想講話。於是兩人陷入惡性循環的互動。

情緒取向治療（Emotionally Focused Therapy，EFT）創始人蘇珊・強森（Sue Johnson）[11]博士發現，當關係失去安全感、兩人互動陷入惡性循環，其實是關係的警訊。有時候，關係表面上呈現出來的問題，是一個契機、同時也是警訊，呈現出過往以來關係裡長久累積、未處理的議題，所以僅處理表面上的衝突事件，或許可以得到暫時的平靜，但檯面下真正的議題未妥善處理，往往治標不治本，關係中的不安全感、互動的惡性循環很有可能會在下一次爭吵中再次浮現出來。

在關係變質前，先探索兩人的衝突因應模式

我們可以先從探索一下你們關係的互動情形，試著練習看看。例如，通常面對衝突時，你都怎麼反應？想像你們發生衝突的情況，如有具體的例子更好，試著釐清一下，當面對你們之間的衝突時，你通常都怎麼反應？舉例而言：

- 在發現事情不對時，你通常會主動提出來、表達抗議？你通常會追問對方？急著希望對方可以和你溝通？你希望要講出來比較好，就算吵架還是要講開？

11 蘇珊・強森（Dr. Sue Johnson），《抱緊我：扭轉夫妻關係的七種對話》（*Hold Me Tight*），張老師文化，二〇〇九。

- 在關係緊張時，你通常會從衝突中退開？希望可以有比較多獨處的時間？你希望可以靜一靜？你會覺得情緒下的爭吵只是讓彼此更受傷？會更破壞彼此的關係？你希望等冷靜下來再談？

通常大多數人會有自己習慣因應衝突的方式，可能偏向前者、可能偏向後者、抑或是其他方式，不論哪一種，只要不傷害自己或別人，沒有絕對的對與錯，每個人都會有自己習慣因應衝突的方式，這可能也是我們從小學習到我們以為能夠解決問題的方法。但是，當解決問題的方式不同時，可能就會導致關係緊張生變。所以我們可以這樣練習：

一、當我這樣反應時，通常對方會如何回應？

試著回想一下，當你習慣用某種方法面對衝突時，對方會如何反應？

二、當對方那樣回應時，我接著會怎麼做？

三、試著找到你們的互動模式：

- 當衝突發生時，我通常會＿＿＿＿＿＿。
- 當我＿＿＿＿＿＿，對方會＿＿＿＿＿＿。

• 對方＿＿＿＿，我接著會＿＿＿＿。

• 我越＿＿＿＿，他就越＿＿＿＿。

運用小關與小楷的例子示範練習：

在衝突時，小關通常會不停追問對方。（小關的慣性因應方式）

但小楷覺得小關情緒很高張，吵架時說那些話只會讓彼此受傷，小楷通常會不想說話、想靜一靜，想等冷靜了再說。（小楷的慣性因應方式）

當小關發現小楷都不說話，會越來越著急；當小關越著急時，會越來越大聲、越要跟小楷說清楚。

當小關越吵、越大聲，小楷就越不想講話、越想要靜一靜。

這個練習的關鍵在於找出你們互動關係裡的惡性循環，不是要找誰對誰錯，因為不論是小關或是小楷，其實他們都在用自己熟悉、習慣的方式，嘗試去解決他們關係裡的問題。對小關來說，他發覺到關係有變化，他感到不安，他的追問，是一種他希望能夠為關係努力、再試一次的方式，因為他深怕關係出了什麼事，如果他不去追問、不去努力，會不會關係就沒有了？

而對小楷來說，他感覺到關係有衝突、有緊張，他也感到不安，他的冷靜，是一種希望讓彼此不會受爭吵影響、不會因為情緒化言詞受傷的方法，因為他也害怕彼此的關係在爭吵裡受傷，如果再繼續吵下去，會不會關係就吵壞了？其實兩個人，都在用自己的方式維繫與保護關係。要想的是，目前用的這個策略、方式，對於關係有沒有幫助？這個惡性循環是如何影響你們的關係，以及你們對彼此的感受？

我們慣用的因應策略，同時有很高的可能性是——這是小時候我們學到可以讓自己生存下來的方法。我們會習慣用這個策略是很自然的，因為我們很熟悉、用了很長的時間，只是，我們要想的是：現階段這個策略，是不是還對關係有幫助呢？問題不是策略，關鍵是這個策略是不是具有彈性、變通性，可以有調整的空間呢？

先找到關係互動的惡性循環，或是現階段派不上用場的慣性因應策略，我們有了覺察，就有機會可以先停止這個惡性循環，嘗試為自己找到不同的因應策略，也不至於讓彼此的關係變質了。

14 如果兩個人越來越平淡，如何重拾彼此的熱情？

某個下午，冠冠和小凱一如往常地待在家裡，沒有特別去什麼地方，也沒有特別安排什麼活動，兩個人各自吃著買回來的午餐，一邊滑著各自的手機，幾乎就像感情不好的室友一樣沒有互動……。

冠冠看著兩人這樣的狀態，突然升起一種感覺，這真的是他要的關係嗎？這真的是他想談的戀愛、想要的伴侶嗎？

他深吸了一口氣告訴小凱：「我覺得……我好像對你沒感覺了，我們是不是可以先分開，讓彼此休息一下？」

本來正悠閒滑著手機的小凱十分錯愕，他不懂，雖然兩人偶爾會吵架，但後來不是都講開了？每天這樣生活不也都好好的嗎？怎麼會這麼突然說要分手？到底發生什麼事？

停止關係負向互動的惡性循環後，不見得兩人就會感覺到親密，停止互相傷害，只是讓兩人在關係裡不會受傷而已；但不會受傷，並不會就自然而然靠近彼此、提升親密感、感受到愛，或是被愛擁抱、被愛溫暖，就像是我們很努力把血止住了、讓傷口慢慢癒合了，但不代表身體就自然而然會有體力。把身體養好──關係中的親密感，仍然是需要刻意經營和刻意練習的。

大部分的哺乳動物都是相互依存的動物，我們藉由互相依靠，得以在危險當中生存下來，而情感連結就是關係的基礎──一種親密感的呈現，特別是人類在嬰幼兒時期無法獨自存活，因此特別需要與主要照顧者維持親近，這是一種生存的本能，不只能讓我們得到身體的照顧與保護，同時也能獲得情緒的安撫。

根據英國發展心理學家約翰．鮑比（John Bowlby）提出，童年時期與主要照顧者互動過程中，安全的依附關係[12]有四個關鍵：有回應的（responsive）、可親近的（accessible）、可找到的（available）、可預測的（predictable），當這四關鍵皆有機會被滿足時，會讓我們知道我們是會被保護、被照顧的，讓我們的情緒得以被安撫、回歸到平靜安全的狀態，我們會有勇氣、有力量向外探索世界，我們會對自己有信心、對他人有信任感、對世界有安全感，並帶著童年互動經驗所形成的內在運作模式（對自己、對他人、對世界的信念）長大，進入同儕關係與伴侶關係。

強森博士發現，能夠使伴侶關係歷久彌新的關鍵是情感連結——也就是關係中的親密感，她將上述鮑比的安全依附四關鍵，整合為成人伴侶關係情感連結的A. R. E.三要素[13]：可親性（accessibility）、回應性（responsiveness）、投入性（emotionally engaged）。

用微小的行動，在日常生活中建立A. R. E.連結

一、可親性

「我可以找到你嗎？」、「對你來說我重要嗎？」

---

12 Bowlby, J.（1988）. A secure base: Clinical applications of attachment theory. London: Routledge.

13 蘇珊・強森，《抱緊我：扭轉夫妻關係的七種對話》，張老師文化，二〇〇九。

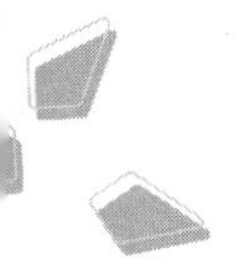

雖然我們身處科技便利的時代，但不代表科技便利，我們就能夠感覺到另一半的親近，有時候，另一半可能在你身旁，但他在滑手機、看電視，你會感覺到對方是可以親近的嗎？可親性不僅僅是物理距離上的，而是雙方是否對彼此開放、願意關注彼此的程度。

二、回應性

「當我需要你時，你會回應我嗎？」、「我可以依靠你嗎？」

回應性代表的是不論情況好與壞，伴侶都能夠給予情感回應的程度。例如：當你升遷時，另一半可以與你一起慶祝、為你開心；當你面試不順時，另一半能夠陪在你身邊、關心你的感受。這讓我們的情緒得以被安撫與照顧，讓我們可以平撫心情，在關係裡充飽電再出發。

三、投入性

「你投入情感在我們的關係中嗎？」、「你願意與我分享（你的感受）嗎？」

投入性包含被伴侶重視、珍惜、關心、全心投入感情對待的過程，這個投入的過程，能夠讓我們對自己、對對方、對關係感到有信任感與安全感，能夠讓我們在關係裡感到平靜、安穩、不害怕。

可親性、回應性、投入性三要素，其實可以透過生活中小小的、簡單的行動來練習。例如：當你跟另一半一起吃飯時，聽到另一半嘆了一口氣，你通常會怎麼做？

一、你會主動關心詢問對方？

二、繼續吃你的飯、滑你的手機？

一和二哪個選項是比較有回應性的呢？答案是一對嗎？

而當詢問對方後，你會怎麼做？

三、願意開放自己，嘗試去接觸、理解對方的感覺？

四、聽完之後，說：「這也沒什麼大不了的吧，大家上班都很辛苦啊，

每個人都有一樣的感覺啊！」

三和四哪個選項是比較有可親性的呢？答案是三對吧？聽完另一半的心情，你又會怎麼做呢？

五、關心對方，表達對對方的在乎，告訴另一半：「不論發生什麼事，我都會支持你！」

六、粉飾太平，告訴另一半：「你太大驚小怪了，你就是這樣才會常常心情不好，不要想太多啦！」

五和六哪個選項是比較有投入性的呢？答案是五喔。

其實生活中有很多小小的片段、時刻，都能夠適時地練習可親性、回應性與投入性。在上述的例子中，伴侶嘆了一口氣，其實就是發出一個訊號、或者是一個邀請，那作為伴侶的你，就有機會收下對方的邀請、給予回應、開放自己、投入參與在關係中，重要的是在關係中，不輕易略過對方的訊號和邀請，都有機會開啟A.R.E.的互動練習。

有時候，我們可能會覺得每天日復一日的生活令人感到乏味，因為每天都是一樣的，特別是當某些事情落入形式，很容易會覺得煩、覺得沒有意義，所以**重點不是形式——不是花多少錢、在哪裡、做什麼事，重要的是我們在彼此身邊、願意跟彼此在一起、一起努力。**若你們平時沒什麼機會相處，也可以刻意創造兩人相處的時光，在平凡的日常生活中，運用日常慣例（routine）的約定、或是生活中的小小儀式感（ritual）來增進彼此的連結，賦予日常生活意義感，刻意練習A.R.E.，讓你們的關係增溫喔。

在經典文學《小王子》（*The Little Prince*）[14]裡，聖修伯里（Antoine de Saint-Exupéry）藉由小王子與狐狸的一段對話，對儀式有著很美的詮釋：

「如果你能夠在每天一樣的時間過來的話更好。」狐狸說道。

14 Saint-Exupéry, A. (1943). The little prince.

「比如說，你都在下午四點的時間來找我，那麼，三點的時候，我就會開始期待了，隨著時間越來越接近四點，我的幸福感就會越來越多。到四點時，我就會開始坐立不安、滿心期待著你來！

但如果你任何時間都有可能過來，我就不曉得該在什麼時候、準備好我的心，來迎接你……應該有一定的儀式……」

「什麼是儀式？」小王子問道。

「這也是一種時常被忽略的事。」狐狸說，「它讓某一天跟其他的日子不一樣，使某一刻跟其他的時刻都不同。」

儀式感不必花大錢、不需耗費許多力氣，儀式感其實是藉由一些行動的設計，將某個時刻區別開來，賦予日常意義。透過儀式促進彼此連結，運用日常慣例的約定、小儀式的練習，在平凡日常或不穩定中，找回穩定感、掌控感與意義感。日常慣例的約定如：

一、起床時給彼此一個擁抱

二、每天早上出門前給彼此一個吻

三、回家第一件事是先跟另一半打招呼

四、睡前一起分享今天的心情

五、有個只屬於彼此的祕密小默契，例如：按壓對方的手心三下，表示「我愛你」

六、週末早晨為另一半煮一杯咖啡

七、週末下午和另一半有個小約會

儀式感也可以藉由一些平常兩人沒有做過的事、以前沒有一起做的事、（尤其婚後、有小孩後）很少有機會做的事，幫助兩人關係增添一點點新鮮感、讓關係加溫。例如：

- 兩人一起下廚
- 一起吃燭光晚餐
- 一起在家辦個小小的異國之夜

- 電影之夜
- 下午茶
- 週末的兩人時光
- 訂飯店、來個小旅行

透過轉移陣地、參與活動，開啟兩人的小約會，讓兩人可以跳脫慣性的生活模式，轉換心情，也可以從日常的社會角色中（家長、員工、主管、子女等）轉移出來，試著回歸到兩人世界。

日本知名作家村上春樹曾這麼形容過儀式感：「儀式是一件很重要的事。它讓我們對在意的事情心懷敬畏，讓我們對生活更加銘記和珍惜。」儀式可以是個媒介，幫助我們重新與彼此連結，也可以是一個通道，幫助我們穿越日常生活的平凡，重新找回關係的特殊性與意義感。

別忘了，最重要的是，在時時刻刻的互動中，我們都可以適時留意伴侶提出的訊號、邀請，給予A.R.E.的回應，藉由A.R.E.回應，刻意練習關係的情感連結喔。

刻意練習的盲點：過度時會變成強迫對方，應如何拿捏界限？

✕對方不改變，所以我要拚命督促他

的確，當我們發覺感情有變化時，會感到不安、緊張、害怕，害怕如果自己不努力一點、如果自己沒有提出來、如果對方都沒有發現的話、如果我們都不做些調整的話，我們的關係會不會越來越糟？

所以，當我們發覺對方沒反應時，可能有的人會開始著急、不安，甚至會激起很多憤怒的情緒，覺得對方都不在乎，可是當我們開始因為不安而感到憤怒，因為憤怒而開始指責對方不在乎時，可能會帶來什麼結果呢？對方會不會因此而也感到生氣，而導致兩人更多的爭執？會不會為關係帶來更多的困難？這真的是我們想要的結果嗎？還是再次陷入兩人負向互動的惡性循環呢？

當我們發現陷入負向互動的惡性循環時，先別感到緊張，有「發現」是好的開始，表示我們對自己、對關係有所覺察，有覺察，我們就可以有行動，有行動，改變就有機會發生，改善關係的第一步，是先止血——先停止負向互動的惡性循環，讓血止住了，我們才有時間空間去療傷、去修復關係、更進一步增加親密感。

○我們無法改變別人，所以重點在於調整自己

沒有人可以改變別人，所以如果你希望看見關係有些改變，別忽略我們自己的影響力，我們的一舉一動、一言一行對伴侶也是有影響力的，你的一言一行有可能讓伴侶可以放鬆、或者是變得更緊張不安，而你希望帶來哪個結果呢？

如果你希望伴侶在你身邊可以感到輕鬆、自在，那麼你的行動就很重

要，當你可以在關係裡放下防備、警戒，嘗試敞開自己、去理解對方的感受，去向對方表達你對他的關心、在乎時，在關係有足夠信任感、安全感的情況下，通常另一半都是很願意和我們連結、修復關係的，所以別輕易放棄。

只是，有時候當關係已長久累積多年愛恨糾葛、傷痕累累時，有可能彼此很難放下防備，而必須帶著防衛來保護自己，讓兩人互動小心翼翼、動輒得咎、難以靠近。如果你願意，鼓勵你可以向心理諮商相關專業人員求助，讓客觀的第三方協助你們，讓你們可以不用獨自面對關係的困難，若雙方有意願修復關係時，通常及早尋求協助，都有機會獲得一定的改善。

第四章

熱鬧歡騰後的鳥獸散

翻遍通訊錄，找不到一個能約的名字、能傾訴的對象？
來到新場合，只能望著其他人的互動感到格格不入？
該如何找到真正合拍的友人，
而不只是在見面時熱絡，熱絡後卻彷彿陌生人？

15

從依附理論，透視為什麼我們害怕孤單

小書下班後常有很多局，不管是逛街、吃飯、看電影、唱歌、喝酒，只要有約小書幾乎都會到，總是要玩到筋疲力竭才回家，因為回到家，小書就得一個人面對空蕩蕩的房間，好像連根針掉到地上都聽得到。

所以，小書習慣一回家就開電視，電視的聲音讓他覺得好像有人在屋子裡陪他一樣，即使是看書或用電腦，小書也要把電視開得很大聲，讓自己淹沒在聲音裡，這樣他就覺得好像不是一個人了……

很多人對於情感的依賴，容易有一種迷思是：「我應該要學會怎麼一個人生活，我不應該一直依靠別人，我不應該一直想要找朋友、談戀愛，依賴別人是不對的……。」

其實這樣的想法好像很有道理，卻與人類天性背道而馳，人像大部分哺乳類動物一樣，是群體的動物，甚至，我們倚靠群體而活，歸屬感其實是一種非常基礎的人類需求。然而，在社會氛圍裡，確實時常存在一種看法是：「成熟的成人應該要獨立、不依賴他人」，造成許多成人對於自己擁有情感上的需求感到羞愧、覺得自己太脆弱，這樣的價值觀其實在早期的社會情境也時常可見。

在一九五〇年代，當時主流心理學派相信對孩子表達情感、傳達愛只是一種徒增感傷、無任何實質價值的舉動。行為主義學家約翰．華生（John Watson）甚至警告父母：「當你試圖撫慰你的孩子時，請記得，母愛是危險的工具。」當時受行為主義氛圍影響甚深的社會價值觀認為，養孩子很重要的觀念是不要親、也不要抱孩子，孩子哭了就讓他自己哭，親孩子、抱孩子或是撫慰孩子的行為，只會把孩子寵壞，甚至當孩子生病住院，也是讓孩子單獨留在醫院裡，沒有所謂陪病的概念。若你有孩子，你應該很難想像，要將你生病、虛弱的孩子一個人獨自放在醫院裡吧，但這的確是當時社會氛圍裡習以為常的概念。

因此哈洛的恆河猴實驗[15]是非常具顛覆性的，他試圖探索的是，過往我們會以為人類只要有得吃、有得穿、有得住就好，當一切外在生理基本條件都滿足時，人類應該就能夠存活下來，但研究發現，並不是這麼一回事。關係的維繫並不僅止於提供溫飽，而在於能否提供溫暖的情感支持。

一九三〇到一九四〇年代，有醫生們開始注意到，龐大數量的孤兒院童，即使擁有居所庇護與飲食照顧，在缺乏撫觸與情感支持的情況下，這些孤兒院童不容易生存下來，甚至幾乎沒有人存活超過三歲。在哈洛具爭議性及開創性的研究後，鮑比和雷諾．史必茲（Rene Spitz）開始觀察二戰後的孤兒，發現即使這些孩子生理上均被照顧到了，但缺乏身體接觸的嬰兒，不論是在身體或心理上均產生發育遲緩的情況，史必茲因而提出了「成長遲滯」（failure to thrive）的概念，說明了剝奪人類與主要照顧者的身體與情感接觸，不僅可能導致嬰兒成長停滯，甚至可能死亡。在東歐孤兒院的孩子也有類似情況，缺乏撫慰與情感照顧的孩子，長大後更容易產生行為問題、發展遲緩、依附困難及大腦功能的損傷，且可能伴隨注意力缺失、創傷後壓力症候群、精神疾病及雙極性情感疾患等。

因此，群體、社群中的歸屬感，人與人之間的情感連結、依賴，並不是脆弱、不成熟，相反地，是構成人類身心健康的要件。EFT創始人強森博士提到，成人之間的伴侶關係，就像親子關係的連結感一樣，鮑比也提到人們對這種親密感的需求，是「自生至死」始終存在的，成人後，我們會將這樣的連結需求，從主要照顧者轉移到伴侶身上，只是跟孩子不同的是，我們不需要另一半無時無刻陪在我們身旁，我們可以在伴侶不在時，提醒、想像與回憶伴侶在我們身旁所能給我們的支持與安慰。

強森博士更提到，人們需要情感的連結才能存活[16]，其實從新冠肺炎對全球社會造成的影響，封城下人們衍生出的情感、與人連結的需求，都不難看出情感連結對人的重要性——擁有健康的情感連結，能使人更健康、更快樂。健康的依附關係，能讓我們感覺到自己是有價值的、有歸屬感的、有力量的，當

15 可參考第一章第三篇〈總是害怕被拒絕，該怎麼跨出舒適圈？〉。

16 Johnson, S. (2013). Love Sense: the revolutionary new science of romantic relationships. Little, Brown Spark.

我們覺得自己是被愛的，就能讓我們身心皆處在良好、健康的狀態。

高曼博士的研究也顯示出，幸福的婚姻能提升身體免疫力、使身體更健康。相反地，離婚、不幸福的婚姻，長期處在高張的情緒壓力下，可能導致免疫力下降、甚至使免疫系統受損，而無法抑制腫瘤細胞成長，衍生健康問題。密西根大學的洛伊絲．維爾布魯根（Lois Verbrugge）、詹姆斯．豪斯（James House）與其他研究員的研究發現，婚姻不幸福的人生病的機率會增加三五％，甚至減少平均壽命四年。

害怕孤單不代表不獨立，但你可以練習面對處理孤單

所以，當下次你感覺到孤單時，請不用覺得自己太脆弱、太軟弱或是太幼稚，人們天生有歸屬感的需求，與人連結、保有有品質的依附關係，是使人身心健康、快樂的要件，更是使我們生存下來的關鍵。問題不是感到孤單，而是我們如何看待孤單，若我們覺得孤單是不好的，我們很可能會試圖去壓抑自己的孤單感受，但當我們壓抑之後，孤單感就會不見嗎？我猜不會

的，反而可能讓你更不舒服、甚至讓孤單的感受越累積越多。我們可以透過以下方法來刻意練習，照顧自己：

一、理解自己：孤單的感覺是正常的

試著理解自己，我們會感覺孤單是正常的，這感覺跑出來一定有它重要的原因，與人連結能幫助我們生存下來，幫助我們更健康、更快樂。試著理解感覺孤單是正常的感受，理解自己目前的不舒服是每個人都會有的感受，理解自己的感受，讓我們有更多機會與孤單好好共處。

二、接納自己：允許孤單的感受存在

當感覺到孤單時，你通常都怎麼做呢？如果過往的你是習慣壓抑自己的感受的，或許我們也可以給自己一點空間，感覺一下，壓抑自己的感受，有讓自己比較舒服嗎？或許短期內，壓抑感受似乎可以讓你迴避掉這種不舒服的感覺，但是長期下來呢？會不會讓你感到更不舒服？更難受？更孤單？若壓抑這個方法看來沒有幫助，或許我們也可以放下這個方法，試著接納自己的感覺。

就像前面章節提到的，感覺、情緒是有功能的，它能夠幫助我們、提醒我們自己的需要是什麼？所以，或許這個孤單的感覺是在提醒我們，我們有與人連結的需求，而這個需求是每個人都會有、再正常不過的需求，就像我們會肚子餓、會累一樣，情感也可能會感到飢餓的，你不會責怪自己的肚子說：「欸，你怎麼會餓呢？你太幼稚、太依賴食物了，你應該要能滿足自己啊！」聽起來有點滑稽對嗎？情感上的飢餓也需要透過人與人的情感互動來滿足，與人有互動、有連結，自然能讓我們感受到被愛、快樂、有自信。

三、照顧自己：增進與人之間的連結

當我們可以允許孤單這個感受存在，其實就像肚子餓的人一樣，人餓了，本能就是找食物吃；感到孤單，本能就是尋求連結。所以，我們發覺自己有人際上的需求時，我們也可以透過發展人際關係，來增加自己與人的互動與情感連結，我們也可以從接續的章節看到，怎麼透過刻意練習，拓展自己的人際關係，並嘗試經營有意義、有品質的關係。

16

出社會後，如何刻意擴展生活圈？

自從大學畢業後，小哉的生活變成公司、家裡兩點一線，他也不是刻意不跟其他人相處，但就是下班之後，總覺得懶洋洋的，想趕快回家休息，不想參加任何活動；但在家裡，也就只是躺在床上看電視或滑手機，久而久之，小哉也覺得人生越來越無聊，但滑開手機通訊錄，看來看去，卻連可以約誰都不知道……

出社會後，很多人都會有類似的困擾，覺得工作一忙，下班後累了，沒什麼精力再去拓展交友圈，但時間一久，也會發覺自己的朋友圈好像越來越小了，有空的時候，反而突然不曉得可以找誰出來玩、運動、喝下午茶或聊聊天。交友圈小，可以認識對象的機會就更少了，有的人可能會覺得，明明自己條件也不差，為什麼偏偏找不到對象呢？而開始自我懷疑，覺得是不是自己有什麼問題？為什麼別人都有伴了，我卻沒有呢？

這其實需要釐清，有的人出社會沒有對象，並不是自己條件不好，而是沒有「機會」認識人，就像故事裡的小哉，開始上班後，生活只剩下公司和家裡兩點一線，這樣生活中除了家人和同事，就沒有別人了，怎麼會有機會認識人呢？要是沒有機會認識新朋友，那怎麼會有機會發展可能的朋友關係，甚至進一步進展為伴侶關係呢？

舉例來說，這一兩年因為疫情關係，podcast變得很熱門，假設我們也錄製好一集podcast，但一直放在自己的電腦裡，沒有上傳到網路，也沒有推廣，那就沒有人有機會聽到這個podcast了，對嗎？那難道我們會說，是因為這個podcast不好，所以才會沒有人聽過嗎？不會的，對不對？因為我們知道，是因為我們沒有把它公開，讓別人有機會聽見它、有機會認識它。

所以，拓展生活圈也是類似的概念，我們要先讓自己有機會遇見別人，才有機會認識新朋友、拓展交友圈。等到開始拓展交友圈之後，若發現拓展得一直不太順利，那麼我們再來探索看看是遇到什麼困難、什麼地方卡關其實也不遲，最重要的是，要給自己機會，可以打開人際圈圈。

出社會後，不像在學校裡，只要到學校就會有同學，在校園裡上課、玩社團、參與活動等，都有很多人可以認識，出社會之後，我們就需要自己**開創不同的情境**，讓自己可以拓展交友圈。

在探索自己的同時，開創不同的生活情境

下班後，我們可以透過幫自己開創不同的情境，來增進認識新朋友的機會。既然是下班，就不需要再讓自己太累，我們可以藉由一些讓自己放鬆、休息的活動，多方探索自己可能的興趣；或者是，你希望自己可以在專業上更精進，那麼也可以選擇專業課程進修；如果，你對室內活動比較有興趣，那麼也可以從室內活動開始嘗試；如果你覺得自己喜歡戶外運動、喜歡曬太陽、親近大自然，那麼也可以試試看從體能類、相關運動開始；如果你是一個喜歡與人親近、喜歡服務他人的人，其實，很多社福機構也都需要志工服

務，這幾個方向，我們都可以依照個人興趣、情況，來做調整與嘗試。

如果你一時之間，還不曉得自己有什麼興趣也沒關係，以下提供幾個例子給大家參考，探索興趣其實是很重要的，只是我們可能從小到大，常常被要求專心讀書、好好準備考試，其他不重要，所以，大部分的人沒什麼時間與機會可以好好探索興趣。出社會後，有一定的經濟基礎，其實是很好的機會，能夠把焦點放回自己身上，為自己的人生打算，好好探索自己的興趣。

- 探索、發展興趣：烘焙、皮件製作、金工製作、插花、繪畫等
- 參與課程：語言學習、金融、理財、專業進修等
- 室內活動：讀書會、講座、桌遊、音樂會、藝術展覽等
- 運動、體能類：登山、攀岩、爬山、跑步、重訓、打球、騎腳踏車、衝浪、露營等
- 志工服務：美術館、科博館、環保團體、人權團體、博物館、社福機構、醫療相關機構等

有可能你字面上看一看，還不確定自己是不是有興趣，這也很正常，畢竟喜不喜歡、感覺如何，還是得做了之後才知道，所以，也鼓勵你給自己機會去嘗試看看，若體驗過了，發現自己沒什麼興趣，那也是一個很重要的過程，讓你知道這是自己沒興趣的，那就可以往下一步邁進、嘗試下一個目標！

有的人可能會覺得，探索興趣好花時間，但這過程其實一點也不會白費！因為你只有嘗過了，才知道這符不符合你的口味。如果一直停在原地想，不論你花多久時間，都不會比你親身接觸更直接、準確。這邊可能沒辦法詳盡地羅列所有可能的探索方向，但鼓勵你，可以多加瀏覽、搜尋、嘗試，試過了，都是你走過的路，你走過的路，最後都會回到你身上，這些都是很重要的經驗。

那麼，這麼多可能的探索方向，難道要全部都嘗試過嗎？會不會太多、太累了？如果你已經很明確知道自己的興趣在哪裡，已經初步有想拓展交友圈的方向了，那也不一定需要全部都探索，這些例子，只是給還沒有明確方向的人，一些大略的方向作為參考。

如果你還沒有明確的方向，看到這麼多方向也不用因此感到擔心，覺得好多、好累，每個人都會有自己的步調，我們都可以用自己覺得舒適、自在的步調來探索。

開拓生活圈的練習量表

一、先了解自己下班後的精力狀態

每個人下班後的狀態不一樣，有的人天性活潑外向，或是工作情況的關係，下班後還是精力充沛，有很多力氣可以去做自己想做的事。有的人可能在高壓的職場環境下工作，工時長、事情多，下班後常常覺得很疲憊，對於還要花力氣社交、與人互動感到沒什麼力氣。不論是哪一個都沒有關係，重要的是，先了解自己下班後，大約還有多少的精力可以參與下班後的活動？

對有的人來說，參與下班後的活動是很紓壓的；對有的人來說，下班後還要密集與人互動是很辛苦的；對有的人來說，參與活動很紓壓，但要跟人互動就會很累；這些都可以納入思考與評估，並沒有哪個比較好、哪個比較壞，每個人本來就都不一樣，每個人不同的特質之於社會都同樣重要！所以，重要的是，我們要了解自己下班後的精力、狀態，才能夠為自己量身打造適合自己的下班活動。

在投入下班活動前，我們可以初步做一下事前評估，看看自己下班後，有多少力氣參與活動？有多少力氣與人互動？如果兩者都高，那我們安排活動就不需考慮太多，但如果其中一個向度分數比較低，那我們就需要挑選一下活動性質，照顧一下自己，讓自己下班後參與活動可以不用那麼費力、辛苦。

這個分數的高低並沒有絕對的好與壞，只是一個簡單的工具，幫助你更了解自己下班後的狀態。這個分數也可能因你當天的情況，而每天有所不同，如果你希望多了解自己，鼓勵你可以做較為長期的紀錄，例如：一週、一個月等，長期的紀錄，也可以幫助你更了解自己的狀態，有時在長期紀錄裡，也有可能透過頻率、分數分布情況，推敲出自己身心狀態的週期性，或許跟身心

活動前評估	精疲力竭		普通		精力充沛
與人互動的精力	1	2	3	4	5
參與活動的精力	1	2	3	4	5

狀態有關，也或許跟當時職場、生活環境事件有關，這些記錄的過程，都可以幫助我們更了解自己。

二、關照自己參與活動時的精力狀態

藉由練習觀察自己下班後的精力狀態，我們可以安排比較適合自己狀態的活動來參加。因為每個人對於投入人際互動所耗費的力氣、感受都不同，每個人可以投入在人際互動的時間長度也不同，不需要勉強自己，重要的是，找到適合自己的方式即可。

所以藉由事前評估，我們可以初步估計自己還有多少力氣可以用來與人互動，還有多少力氣可以用來參與活動。除此之外，在參與活動的過程中，我們也可以適時把一些注意力放在自己身上，關注自己的精力狀態，看看自己在參與活動的過程感受如何？與人互動的感覺如何？因為人們在疲憊的時候，身體、心情或思考上其實會有一些訊號反映出來。

- **身體訊號：**眼睛痠澀、肩頸緊繃、腰痠背痛、打呵欠、想睡覺等

- **心情訊號**：煩悶、焦躁、疲憊、沒耐心、靜不下來、不耐煩等
- **思考訊號**：很難專心、分心、想東想西、心不在焉、記不住等

嘗試去關照自己身體、心情與思考的訊息，看看自己有出現哪些訊號，哪些表示你可能精力快耗盡了、快沒電了，這些訊號其實也是一種徵兆，提醒我們該嘗試照顧自己了。每個人的身體、心情與思考的訊號、反應可能也有所不同，可以多加觀察自己的情況，依據自己的精力狀態，安排適合自己的活動，我們才不會參與得很辛苦。

三、設定階段性目標，切成小步驟練習

每個人對於人際互動可以容納的數量和時長都不一樣，所以如果對你來說，要跟別人互動是比較不擅長、也比較耗力的，那也沒關係，我們可以用自己的步調慢慢練習，不求快，有時欲速則不達，用適合自己的步調，慢慢練習，反而每一步都能走得更穩健、走得更長久。

我們可以設定階段性目標，從小目標開始練習，當小目標練習起來不那

麼費力的時候，再慢慢逐步調整難度，往上增加挑戰性。

也可以依據個人精力狀態來調整參與活動的時間長度，如果你發現自己可能週一晚上會特別累，那麼或許週一晚上就可以安排比較低互動、短時間的活動，如果你發現自己週五小週末總是特別精力充沛，那或許週五夜就很適合安排中高強度互動、較長時間的活動。

四、探索適合自己的活動

在參與活動過後呢，其實也可以透過簡單的評分紀錄，幫助自己評估一下，你對這類型活動的喜好

互動程度：

低度互動	→	中度互動	→	高度互動
獨自進行	聽講式講座（被動參與）		小組討論（主動參與）	互動實作

時間長度：

短時間	→	長時間
0～30分鐘	2～3小時	6小時

程度如何，因為每個活動的特性不同，如果只是給此活動一個整體的分數，恐怕難以衡量活動的哪個部分是你喜歡的、哪個部分是你不喜歡的。因此下表分為：人、活動、時段、環境、物品五個向度來做評分，最後搭配一個自己對參與活動的整體感受。除了這五個向度外，你也可以依照你個人在意的內容，來增加或刪減評分項目。

這個分數沒有絕對的標準，純粹以你個人主觀參與此活動的感受為準，因為此章節的目標，是希望幫助你更了解自己，什麼活動是你喜歡的、適合你參加的，因此，你

活動後評估	非常不喜歡		普通		非常喜歡
我對人們的感受	1	2	3	4	5
我對活動的感受	1	2	3	4	5
我對時段的感受	1	2	3	4	5
我對環境的感受	1	2	3	4	5
我對物品的感受	1	2	3	4	5
參與活動整體感受	1	2	3	4	5

的感受是最重要的，藉由分數的紀錄，也可以幫助你更了解自己，在參與這個活動過程中你的感受是什麼？是活動的哪個部分吸引你？這些都有助於你未來為自己安排適合的活動。

17 靠職場上的簡單貼心之舉，讓同事也能變朋友

小讓在公司一直沒什麼朋友，他不會跟同事一起去吃飯，打code時又不喜歡被打擾，所以他總是一個人坐在位置上，戴著耳機、專心沉浸在coding的世界裡，但有時候座位在同事中間，同事夾著小讓聊他們的天，小讓一方面覺得生氣、討厭，但另一方面也偷偷羨慕他們，看著他們總是有聊不完的話題、講垃圾話、一起吃飯、團購，有時候也希望，如果自己能夠加入他們就好了……

職場究竟是不是交朋友的地方呢？我想，這是一個很難簡單回答是或不是的問題，因為每個人身處的職場環境都不一樣，但的確職場環境跟學校

環境有很大的差異，最大的差異是，職場裡存在著利益衝突，大部分公司多有業績壓力，業績與績效也是員工們爭取自身薪資、升遷與福利很重要的依據，因此當職場裡存在著利益衝突時，有時會感覺到競爭的壓力，其實也是相當正常的。除此之外，也可能會有權力不對等的情況，例如：主管比員工擁有更多權力；業務部的績效比較好，可能會比其他部門享有更高的權力……等。當權力不對等時，也可能影響同事之間的互動與相處。

在這種情況下，希望彼此可以和平共處，其實也相當不容易，因為對有些人來說，上班就是來賺錢的，所以他可能不會將職場當作是交朋友的地方，但也並不是所有的人都這麼想，有的人也純粹是想找份工作、穩定生活。環境條件本身的限制是不能忽略、也無法忽略的，雖然不至於說職場都很危險、職場上都是壞人，但職場可能真的就無法像一般情境一樣單純。

我想，這是我們對職場的想像、期待，可以有所調整的地方，不然，當我們對職場抱有某種理想化的期待時，難免期待越多、也容易受傷越多。或許，我們可以將期待調整成，如果有機會在職場交到好朋友，那很好；如果在職場沒有交心的好友，那也沒有關係；彼此之間不要交惡、不要起衝突那就夠好了。因為在競爭的環境，會有衝突也是非常自然的情況，就像小時候的成績榮譽榜，全校校排只會有一個第一名、班排也只會有一個第一名，存在競爭關係的時候，自然相對容易產生衝突，與我們交友能力好壞無關。先將期待調整到合理的狀態，我們也比較不會耗費太大的力氣在不切實際的目標上。

放下不切實際的期待，以不交惡為目標

以不交惡為目標，友善地與同事開啟互動，我們的非語言（non-verbal）行為其實占了很大的關鍵，很多時候，我們還沒開口說話，我們的身體、姿態，已經對別人表達了很多意涵。

舉例而言，當你走進辦公室，櫃檯的接待人員，擺著臭臉埋在電腦裡工作，怎麼樣也不願抬頭看你一眼，你覺得這個人是可以親近的？還是不要接近比較好呢？應該是後者吧？或者是，當你回家一打開門，就看到長輩漲紅著臉，表情僵硬，眼神直勾勾地瞪著你，雙手交叉環抱胸前，你覺得長輩是

在表達對你的歡迎？還是對你的憤怒呢？應該是對你的憤怒吧？

所以，很多時候，其實身體、姿態、表情、眼神，在我們還沒有說話之前，已經默默傳達了很多意涵，而日常生活中的人際相處其實也是，特別是在尚未認識的陌生人互動裡，因為我們還不認識對方，還沒有正式機會和對方交談，較大的程度是透過觀察對方的外在行為來認識對方，此時，非語言姿態就十分關鍵。

像是故事裡的小讓，總是在自己的座位埋頭苦幹，眼睛盯著螢幕、耳朵戴著耳機，當旁邊同事在聊天時，他仍舊埋在自己的電腦裡，同事們會感覺到他是可以靠近的嗎？或是他是對同事有興趣的嗎？其實不會的，尤其是當我們不認識對方時，基於禮貌，我們很少會去打擾他人，特別是在我們已經感覺到對方「不想被打擾」、「看起來沒興趣」的狀態時，我們更不會這麼做了，所以，別忽略掉我們的非語言行為傳遞什麼訊息給別人。想一想，如果你是小讓，這是你想要傳達給同事的訊息嗎？如果不是，那我們就需要對自己的非語言行為有多一些覺察，有覺察，我們就可以透過一些方法來練習調整。

覺察自己是否散發著友善的訊息

一、留意觀察自身非語言行為

並不是說進公司之後，就要隨時保持與他人的密集接觸，而是，當你希望與他人接觸時，你的非語言姿態，是不是能夠幫助你與他人接觸？還是阻礙你與他人接觸跟互動呢？

二、調整非語言行為

如果我們希望與他人有連結，那麼傳達友善就很重要，我們可以適時調整自身的非語言行為。但務必注意，請衷心、真誠、一致地表達友善，否則，當我們不是真心地喜歡對方，卻過度刻意、用力地表達友善時，往往很容易帶來反效果，特別是當語言訊息（友善）與非語言訊息（不友善）兩者不一致時，其實會讓人感覺更不舒服。並不是說，如果你不喜歡對方就要表現出來，而是，人們對虛情假意其實是敏銳的，請不要誇大不實地假裝表現對對方的友善，有多少就表現多少，表現不出來，也不要虛偽地表達，效果通常不會太好。

友善的非語言行為，包含幾個面向：

- **表情**：表情放鬆、柔和，不需刻意擠出大笑容，適時用自己自在的方式微笑即可。在互動中，也可依據與對方的互動，自然地同步表達感受。
- **眼神**：在兩人互動時，務必避免一邊滑手機、一邊跟別人講話，會讓人感覺到不受尊重。傾聽對方說話時，適度保持眼神接觸，其實能夠表達對對方的關注、與對此互動的投入。若感覺到一直看著對方不自在，當然適時移開眼神也是沒問題的，並不是說，表達友善就要一直盯著對方看，太多、太強烈的眼神直視，也容易導致反效果，可能讓人覺得不自在。
- **身體**：保持放鬆、自在、開放的身體姿態，例如：面朝對方，肩頸放鬆，雙手自然擺放於兩側。反例像是：雙手叉腰、抱胸就是封閉的身體姿態，則容易表現出對對方的不認同。

一般而言，人類身體的姿態會自然而然依據我們內心情感活動，產生相對應的變化，其實不需特別調整，有時越特意想要與對方同步，反而越會產生反效果，讓對方感覺到太過刻意、虛假。

需要刻意調整的面向比較會是，我們平常在辦公室裡，希望增進與同事互動的情況，像是故事裡小讓的例子，其實小讓是希望跟同事有更多互動的，但他的行為模式，其實不容易讓自己有機會跟同事靠近，同事看到他的行為反應，也容易以為小讓是沒有意願與他人互動的，那其實相當可惜，當我們發現自己的行為其實對自己沒有幫助、甚至可能帶來反效果時，這就是我們可以嘗試去練習、調整的地方了。

18

我如果不這麼努力，他們就不會喜歡我了

——經營關係的迷思

小琮一直以來就非常聰明，從小成績名列前茅，出社會以後，也是在全球知名企業上班，但小琮並沒有因此而感覺到快樂，相反地，小琮越來越疲憊，他常常覺得壓力很大，他先是感覺到自己常常上班到一半會劇烈頭痛，然後開始發覺他有耳鳴的情況，但上司、同事、客戶都很欣賞小琮的工作表現，小琮得假裝沒事，用一貫輕鬆、幽默的方式加入上司與客戶的對話，不僅能為飯局帶來笑聲、更能帶來業績，可是這一切都讓小琮覺得越來越吃力，他開始擔心自己會不會不小心就說錯話，會不會一不小心就讓業績泡湯了，如果他不這麼幽默、滑稽地搞笑，上司、同事和客戶會不會就不喜歡他了？

很多人都像故事裡的小琮一樣，不論在工作、生活、人際關係上都非常認真努力，如此認真努力，也真的讓小琮受到主管與客戶的賞識，但很多時候，即使受到賞識，像小琮這樣的夥伴，可能也時常感覺到壓力，因為他們對自己通常有著很高的期待，深怕自己一不小心出了差錯，可能就會失去主管、客戶的喜愛或是龐大的業績數字，因此他們從小就學會努力督促自己，不需要別人盯，自己總是會努力要求自己要把事情做到最好，但在追求完美的情況下，很多人可能也像小琮一樣開始感受到壓力的反撲，耳鳴、賀爾蒙失調、肩頸僵硬、腰痠背痛、失眠、多夢、胃食道逆流等，其實很多時候身體的反應與壓力是息息相關的，但把自己逼得這麼緊，會不會也很辛苦、很疲憊呢？

其實問題不在於認真與努力本身。認真與努力，我相信是很多人從小到大學習到，能夠讓自己表現出色、獲得肯定、生存下來很重要的方式。認真努力並不是問題，問題是我們認真努力在什麼地方？認真努力到什麼程度？如果凡事都要認真努力、每個小細節都要完美，無時無刻都像活在鎂光燈下一樣，那真的會把人逼出病來，這不是說小琮太脆弱，當然不是，就連機器都會出錯，更何況是肉做的人類呢？機器都需要定期保養、休息，更何況是人呢？小琮不完美，就像我們每個人一樣，世界上真沒有完美的人，人會出錯其實是再自然不過的事了，但出錯，不代表我這個人就壞掉了、毀掉了，問題不是出錯，問題是我們如何面對錯誤，因為沒有人是能夠不犯錯的，但是我們看待錯誤的方式，卻可能使我們更辛苦。

怎麼說呢？當我們追求完美時，我們很難允許自己犯錯，當我

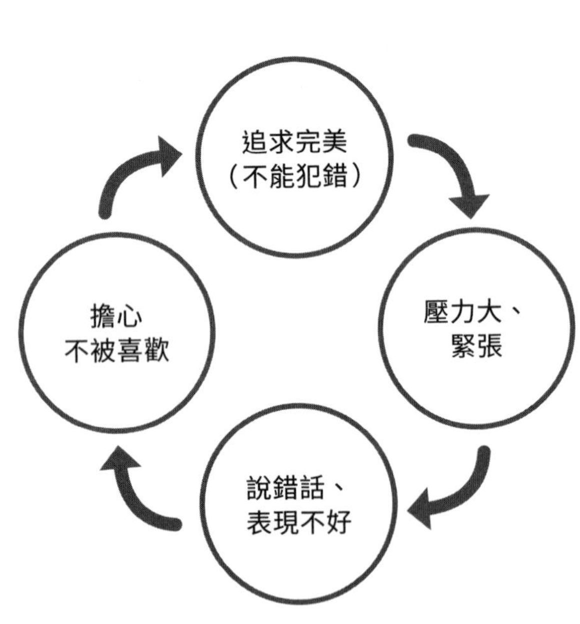

們不允許自己犯錯時，可能會容易感受到很大的壓力，當我們壓力很大的時候，我們會不會更緊張？當我們越緊張，是不是越容易說錯話？越容易表現不好？而當我們表現不好，我們又更擔心自己不被喜歡，擔心失去主管、客戶的青睞，這樣一來壓力就更大、更緊張了，而陷入不斷自我挫折、自我打擊的惡性循環。

那我們是真的那麼糟嗎？糟到平常都表現不好嗎？還是我們因為太過擔心表現不好，反而讓自己的情緒受影響？而當情緒累積越多、壓力越大，是不是就越容易影響自己的行為表現？那不是很可惜嗎？

如果我們像小琮一樣，希望事事完美，那我們其實在追尋一個不切實際、不可能達成的目標，因為只要犯一個錯，僅僅是一個錯，就不完美了，容錯率越低，其實我們壓力越大。問題不是認真努力，關鍵在於認真努力過了頭、希望追求完美。當我們能夠放下過高的期待時，背負在身上的壓力會小一些，感覺會相對輕鬆；當我們感覺比較輕鬆、自在時，就更有餘裕和空間，來處理生活、工作上的挑戰和困難。

刻意練習不等於過度努力

一、練習擁抱不完美的自己：放眼「過程」，而非聚焦「結果」

很多時候，我們容易聚焦在當下的「結果」，而忽略掉犯錯、挑戰、挫折、困難等，其實是過程中很自然的必經之路，犯錯其實不代表我們這個人是不好的，犯錯不是你的全部，只是努力嘗試的過程中，一定會碰到的情況，每個人都會經歷。當事情還沒結束，我們其實也「還沒」失敗，別急著幫自己下結論，練習用「過程觀」來看待事情，能幫助我們從聚焦眼前的「失敗」跳脫出來，畢竟人生都還沒結束，別那麼快就給自己判死刑。

二、出糗反而可能讓人更喜歡你：平易近人的吸引力

艾略特．阿隆森（Elliot Aronson）曾提出「犯錯效應」（The pratfall effect），他從實驗中發現，當受試者面對一個「完美的成功人士」與一個「不小心打翻咖啡杯的成功人士」時，他們對於後者會不小心犯錯的成功人士有更高的好感。對於一個完美的成功人士，大多數人其實都會感覺到有壓力、

遙不可及、不易親近，甚至也可能讓人感覺到不真實，因為沒有人是不會犯錯的。但是一個會犯錯、會出糗的成功人士，其實讓人感覺更平易近人、更真實，反而能提升人們對他的信任感。

三、適度努力、也讓自己適度休息，反而能做得更好

事實上，人是會犯錯的，每個人都是，這是自然、真實的情況，所以，要完全不犯錯，其實才是違反人性的，因為真沒有人可以做到百分之百的完美，當我們越努力要追求完美，其實我們越耗費力氣，越費力其實就越辛苦，反而事倍功半。

問題不是認真努力，問題是我們是不是需要無時無刻都認真努力？還是說，我們可以適時地在重要的事情、重要的場合下認真努力，在其他相對不那麼重要的私下或下班後時刻，適時讓自己喘口氣？

在喘口氣時，我們不只能夠讓自己休息，我們其實也能夠讓自己放下戒備，讓自己稍微輕鬆一點，想想看，當你感覺好的時候，你是能夠做得更好？還是做得更糟呢？應該是做得更好對嗎？那是什麼原因我們要大費周章

讓自己又費力、又辛苦，卻反而白忙一場、徒勞無功呢？或許，我們也可以對自己好一點，練習擁抱不完美的自己，把自己照顧好了，我們自然更有餘裕、力氣來面對生活中的挑戰！

19

為什麼我明明有那麼多朋友，卻還是感到孤單？

小淞的飯局多的不得了，跑完這攤、又跑下一攤，夜生活比日生活還多采多姿，但不論小淞有多少局、有多少吃飯玩耍的朋友，小淞總覺得孤單，他也不是沒有曖昧對象，身邊也不缺乏追求者，但他總覺得他們不是真心的想和他在一起，他們只是覺得跟小淞玩很開心，而不是真的關心小淞、願意了解和傾聽小淞。所以，雖然小淞常常把自己泡在人群堆裡，但在小淞內心深處總隱隱約約感到孤單……

很多人其實會有像小淞一樣的困擾，他們表面上總是有很多的朋友、很多的飯局，常常跑攤跑不完，看起來光鮮亮麗、精力充沛，每天的生活都過得多采多姿，但夜深人靜時，其實還是會感覺到孤單，有時，即使是身處在朋友堆中，沉浸在五光十色的派對氣氛裡，但心底深處的孤單依然騙不了自己……這會不會也像是你的感覺呢？

有時候，大家會以為是因為一個人所以才孤單，於是就找了很多人、很多朋友一起聚會，可是，找了很多人一起吃飯、玩耍，就不會感到孤單了嗎？不見得對不對？有可能找了很多人一起吃飯、玩耍是好玩的，可是人與人之間的連結，不是只有吃飯、玩耍就足以讓人們的情感需求感到滿足。

重點不是跟很多人在一起，重點是有情感連結的關係

人其實有被理解的需求、歸屬的需求，我們會希望「對方能懂我」，這種被理解的感覺，會帶來情感連結與親密感，這也是為什麼，如果吃飯、玩耍僅止於形式上的活動，而沒有情感上的連結時，會讓人感到空虛、寂寞的原因。但有的飯局或玩耍，過程中可能會有語言上的交流、想法上的交流，可能就有機會帶來A.R.E.的互動[17]，而產生情感連結的親密感。所以，**問題**

其實不是什麼形式的活動，而是過程中人們如何彼此互動。

真正的關鍵問題也不是孤單，因為孤單只是一個提醒，告訴我們人有情感上的需求，問題是我們如何處理孤單，若我們處理孤單的方式是將自己浸泡在人群中，即使有很多人在身旁，但缺乏情感上的連結，仍然會感覺到孤單。而若我們找的人，無心與他人有深入的交流與連結，那也難怪會感覺到孤單了。

打掉內心的那堵牆，找到願意與自己深入來往的人

談到這裡，有的人可能就會問，為什麼我總是找到「沒有心想深入交流」的人呢？電影《壁花男孩》（*The Perks of Being a Wallflower*）裡有這麼一句話：「我們會選擇接受我們自認為應得的愛。」（We accept the love we think we deserve.）這句話是什麼意思？

---

17 請參考第三章第十四篇〈如果兩個人越來越平淡，如何重拾彼此的熱情？〉，提及A.R.E.的情感連結互動。

如果我們不覺得自己值得被愛、不覺得自己會被好好對待，我們會有很高的可能待在一個不那麼珍惜我們的人身邊，因為我們可能也會覺得不會有人要我們了，即使當有一個很珍惜我們、對我們很好的對象出現時，我們也會忍不住懷疑「真的有那麼好嗎？」、「他是不是在騙我？」、「不可能有人會對我這麼好」、「他一定有什麼目的」……。

當我們有這些懷疑出現時，我們因為很難相信，也可能不自覺地會推開對方，我們可能會覺得這不可能會是真的，而拒絕對方，但拒絕對方的同時，我們也在期待、也在觀望，看對方是不是真的會回來找我們？因為內心深處的我們，也希望會被挽留，希望對方是真心喜歡自己的，我們可能也會在這個推開對方的過程當中，像是在考驗對方：「如果你真的喜歡我，你就會回來找我。」

但，你喜歡被考驗嗎？感情關係真的能一直這樣被測試嗎？應該沒有人喜歡被測試的，所以，我們無心的行為，反而可能造成反效果，讓對方覺得不被信任、被懷疑，這種感覺其實會讓人不舒服、讓人感到挫折，而最後你喜歡的人，可能會在這樣「被考驗、被測試」的過程中無力再繼續而離開了。

而當對方真的離開的時候，會不會你內心深處就升起了這些念頭：「你看吧！沒有人會為你留下來的！」、「不要想了！」、「這是不可能的！」、「不會有人喜歡你的……」這些念頭好像又再一次被你驗證，讓你再一次深信「自己是不值得被愛的」，但這是真的嗎？還是說，我們的感受、想法、行為反應，其實都深受我們個人的信念影響？使得我們的行為反應，其實可能一次又一次地把我們身邊的人推開呢？

如果是這樣，不曉得是不是能這樣說：或許並不是別人不喜歡你這個人，他其實是對你有好感，所以想多跟你相處，可是我們的行為卻把別人推開了，那其實真的好可惜，對嗎？

所以，**其實要調整的不是你這個人，而是行為**。我們可以從自己的行為反應開始慢慢調整。或許，一時之間，信念很難改變，畢竟，這樣的信念跟了我們那麼久，從小跟著你長大，你現在幾歲了呢？這個信念會不會跟了你十幾年？二十幾年？三十幾年？甚至更長的時間？所以，有時候，信念的改變，真不是一夕之間可以達成的，但不代表，我們不能從小小的地方、小小的行為開始有一點點的改變。

當我們的行為開始可以有一點點改變的時候，其實也有機會帶動一點點我們內心信念的改變，因為我們的情緒、想法、行為三者之間是環環相扣的。如果，你願意給自己一次機會，你希望看到什麼樣的改變呢？

如果，你希望有一個願意認真與你交流的朋友，但是你發現你的信念可能會一直干擾你，我們可以藉由以下方法來練習：

一、覺察內心感受、想法與信念

有可能，一時之間我們的信念無法產生立即的改變，沒有關係，這很正常的，當我們發現自己有這樣的信念時，這已經是很好、也是很重要的開始，重要的是，當我們願意開始覺察，就有機會產生改變。

在我們與他人互動的過程當中，我們可以持續保有這一層覺察，在與別人互動的過程裡，有時候你可能會有些感覺跑出來，像是：擔心、懷疑、不確定、不信任，這很自然，因為對我們來說，遇到一個人願意對我們這麼好，是好新好新的經驗，這與我們從小到大、或是我們以前與人來往的經驗好不一樣，所以我們會覺得擔心、覺得懷疑、不確定、很難相信，這是好自然的感覺和反應。

當這些感覺跑出來時，你可能也會想：「他對我這麼好，是真心的嗎？」、「他是不是有什麼企圖？」、「他會不會只是想要玩玩？」、「他只是想要找一個備胎吧？」、「他最後一定還是會離開我的！」當這些想法跑出來的時候，我們先別急著壓抑或忽略這些想法，或許你有這些想法，是有很重要的原因的。有可能，以前的你曾經吃過虧、或者受過傷，這些擔心、警戒的想法，其實是身體試圖在保護你的機制，甚至也是很重要的機制，它們可以保護你，讓你不會輕易相信別人、不會受傷。

那麼，我們也可以給自己一些時間，好好停下來、想一想、看一看，眼前的這個人，是不是真的像我們擔心的那樣？你有觀察到一些危險的訊號或線索嗎？如果有，那表示你的擔心是情有可原的、是其來有自的、而且是重要的，你的觀察、你蒐集到的線索和你的擔心可能是真的要保護你。但如果你發現，這個人的行為反應，其實沒有什麼不合理、危險的徵兆，那或許，我們有可能是受過去經驗、個人信念影響比較多，那我們就可以進入第二步驟。

二、給予自己理解、練習自我安撫

試著給自己多一點接納和理解，理解自己會擔心、懷疑、不確定、不信任、害怕，其實是好正常的，這些感覺像是一個提醒，我們可以練習嘗試拍拍自己、安撫自己、告訴自己：「這種感覺跑出來，是我的身體要保護我的機制，讓我可以遠離危險，有可能是因為以前曾經受過傷的經驗，所以警報機制會跑得比較快一些。但沒有關係，我可以慢慢來，我可以安撫、照顧和保護好我自己。」

若自己已身處在安全的地方，眼前的這個對象也是尊重我們、好好對待我們的，我們也可以練習拍拍自己、告訴自己：「現在的我，是安全的；現在的環境，是安全的；現在的對象，是安全的、可以信任的。」我們可以藉由和緩、緩慢的深呼吸來自我調節，輕輕地吸、慢慢地吐，調節自己的呼吸，讓自己的情緒平緩下來；也可以把手放在胸口，感覺自己的胸口隨呼吸起伏，慢慢用呼吸、身體的撫觸，練習安撫自己。

三、在安全的範圍下，一邊觀察、一邊嘗試

有時候，在還不認識、還不熟悉對方的情況下，其實適度保持警戒是相當重要的，因為我們真的還不認識、不熟悉對方，適度的警戒能夠保護我們，不會輕易受傷。

這不代表說，我們就不能靠近對方，我們當然也能在安全的範圍下，一邊觀察、一邊蒐集資訊，看看這個人與人互動的方式、待人處事的方式等等，這些資訊都能夠幫助我們更認識眼前的人。

當我們對對方有較多、較深入的了解，覺得對方是能夠尊重彼此的，我們也能夠慢慢一步一步用自己的方式，嘗試與對方漸進式地有更多的來往。

刻意練習的盲點：經營關係不該只是一頭熱

✕我要更努力，他們才會喜歡我

很多時候，大家會受困於一種「人定勝天、事在人為」的信念裡，相信只要我更努力，別人就會喜歡我，但是，關係是雙向的、是互動的，關係的促成，非得需要兩人一起努力，才有可能達成。

所以，關係特別難的原因在這裡。有時候，並不是說只要我們做對了什麼，對方就一定會被我們打動，有時候，這兩者之間沒有因果、也沒有必然的關聯，兩者之間就是沒有關係，或許就像華人文化中所說的「沒有緣分」吧。因為，我們真的無法控制「人的心志」，我們能做的、能控制的，只有自己。

如果，關係沒辦法達成，而我們也已經盡力了，我們也可以適時放了自己一馬，其實，對自己、對方、關係來說，三者都會比較輕鬆。

○眼前的人很重要，但是你也很重要

經營關係時，我們的目標其實要調整到自己身上，當我們一直聚焦在對方時，有時我們會一股腦受情感驅使，無窮無盡地把自己投入，像飛蛾撲火一樣奮不顧身。

但當你奮不顧身，忙著關心別人感受、滿足別人需要的時候，你的感覺呢？你會不會也會覺得累呢？你會不會也覺得有點辛苦呢？你會不會覺得：「噢……我付出了這麼多，可是他好像怎麼都看不到，他好像都不在乎，他好像都過得很好……。」

當你發現，你付出那麼多，卻都得不到回應的時候，你的心情是什麼呢？會不會有時候也會偷偷地掉淚？覺得很受傷？覺得有點委屈？想到這裡，你會不會也想起，你的朋友曾經跟你說過的話？會不會其實朋友們也曾跟你說過，要你不要再理他了？他們其實好心疼你呢？這樣的心疼其實好重要，因為你眼前的這個人雖然對你來說很重要，但是，你更重要啊，你的身體陪了你走過那麼長的人生道路，走到這裡，一定也很不容易，你在這段關係裡投入這麼多，心裡一定也有很多的酸楚，你的辛苦、你的付出，也需要被「你」看到，不然，當你累的時候，誰來照顧你呢？別忘了，讓你，有機會好好照顧你自己，因為你很重要！

○適時認賠殺出，長遠而言，你賺回了大把的未來

有時候，在一段關係裡付出了好多好多，投入大把的時間、心力、金錢等等，我們會好難放下，覺得放下了就是放棄了，好像賠上了大把的青春在裡面。

但這其實也是一個謬誤啊，如果我們繼續賠下去，你確定你真的會賺回來嗎？還是你只是繼續被套牢？不斷被掏空？這真的是你想要看到的未來嗎？

有時候，認賠殺出，真的是一個好難的決定，除了我們已經付出了大筆成本之外，還有很多的感情在裡面，但是，**短期的痛苦，真的會勝過長期的辛苦。因為，過去已經投注的不會回來，但如果你不重新找回現在，未來、也會在你的每一個「現在」裡，逐漸消逝。**慶幸的是，不論什麼時候，你都有機會重新開始，只要願意開始，就不會太遲。

第五章 屋簷底下的陌生人

明明身體裡流著一樣的血，腦袋裡卻竄著不同的心思，
從同坐一個餐桌卻各自滑著手機，
到為了工作與求學各奔東西……。
家人與親人這層永遠剪不斷的關係，
是否有更好的互動可能？

20

冷漠的家庭關係是如何形成的？

小晏從小在衣食無虞的家庭長大，雖然什麼也不缺，但小晏印象好深刻的是，爸爸媽媽因為工作，常常沒有空陪小晏。小晏從小學一年級開始，就自己一個人上學、放學，回家了自己微波晚餐，一邊看電視、一邊吃晚飯，吃飽了寫作業，把聯絡簿放到客廳桌上，洗澡，然後繼續看電視，直到愛睏再上床睡覺。早上小晏自己起床，去桌上拿聯絡簿和餐費，自己去買早餐、自己去上學。偶爾假日小晏可以看到爸媽，但他們多半也累得睡到中午，中午吃飯時，他們也沒時間跟小晏說話，吃飽飯又要趕著去拜訪客戶，久而久之，小晏也習慣了，這種見不到爸媽、見著了也說不著話的生活……

俄羅斯作家托爾斯泰在《安娜．卡列妮娜》的開場白是這麼寫的：「幸福的家庭彼此都很相似，但不幸家庭的苦難卻大不相同。」這句話道出了很多童年受傷孩子的心境，也像前面故事裡小晏的心情一樣，很多孩子曾經都想過：「為什麼我的家是這樣的？」這對孩子來說，真的是很難理解的，我們都好想知道為什麼。

在實務工作中，我發現，沒有被愛過的人，好難好難曉得愛是什麼。而當一個人不曉得什麼是愛、什麼是被愛時，他們通常也不那麼容易去愛自己的孩子，因為「愛」可能從來不曾出現在他的生命經驗裡，他可能從來不曾體驗過被愛的感覺是什麼。

每個人的生命經驗都有自己獨特的樣子，而有些情況可能是這樣的：有的父母自己從小的家庭經驗，他們可能擁有情緒化的父母，有的可能有憂鬱的父母，有的可能有自戀高傲的父母，有的可能有焦慮的父母……，所以，對他們來說，逃避與父母相處、不要有互動，或許是一種最能保護自己的方式；有的人在小時候，也會因此形成對人的警戒，就像是一種幫助自己能好好生存下來的方法，久而久之，與人保持距離變成一種習慣，一個令人相對安心、安全的習慣。有的父母可能小時候家境匱乏，所以他需要不斷地工作、賺錢，來增加自己的安全感、控制感，來讓自己的孩子可以有更好的生活，可以不用跟自己一樣過得那麼辛苦。

只是，每個孩子都像科學家，他們會在每天的生活經驗裡學習，學習關於自己、別人以及這個世界是什麼樣子。而對人類小孩來說，其實要靠自己一個人獨自長大是非常困難的事，所以當一個身體、心靈、腦袋都還小小的孩子，面對一個偌大的世界，面對相對於他長得更高大、擁有更多力氣、更多權力的父母時，傾向於依靠、仰賴自己的父母，好讓自己生存下來。但孩子沒辦法選擇自己的父母，有時有的父母可能沒辦法依靠，或是親近這樣的父母可能會讓孩子受傷、感到痛苦、害怕、焦慮、不安時，小小的孩子只能發展出自己的生存策略——他們以為這樣做就可以生存下來的策略。

每個孩子都會在童年的家庭經驗、學校經驗裡，慢慢形成對自己、對別人、對世界的想法，隨著孩子每天經歷的事件，孩子會有自己的詮釋，而這些詮釋長期下來，會慢慢形成信念，這個信念就像是孩子內建的程式一樣，他會用這個程式來看待自己是什麼樣的、別人是什麼樣的、世界是什麼樣的，以至於必須要發展出某一種方法來讓自己生存下來，心理學上我們稱之為「內在運作模式」。

而當一個孩子從小經驗到的是，我必須要跟其他人保持距離，不然我就會被罵、我就會被打、我就會遭殃、我就會很痛……時，難怪孩子會學到「我不要跟別人太親近」、「跟別人太靠近會發生可怕的事」、「不可以跟別人太好」，如果孩子長期生活在這樣的環境，常常有類似的經驗，很容易就會形成「不要跟別人太靠近，不然日子會很難過」的信念。很多時候，我們常常會發現，一個人信念的形成，往往跟他的原生家庭經驗、或是過去經驗有很大的關係。

傷人的大人，來自受傷的孩子

當一個孩子帶著「不要跟別人太親近」的信念長大成人時，往往也會不自覺地在生活的各個層面、不同的人際關係、不同的環境中，展現出相對應

的行為反應，或者是，不自覺地習慣用「保持距離」的方式跟別人相處，慢慢地，交朋友是這樣、談戀愛是這樣、進入婚姻是這樣、生養孩子也是這樣……。

當我們沒有意識地過日子時，我們很容易用直覺、下意識的反應或是過去養成的習慣來生活，這些不見得不好，但當這些慣性變得沒有彈性、僵化，無法因時、地、人、事、物來調整時，也可能會對我們的人際關係造成影響，以至於變成一個可能會讓孩子受傷的父母。

遺憾的是，**在變成一個「傷人」的大人之前，他們往往曾經也可能是一個「受傷」的孩子。**因為沒有機會療癒自己，很容易繼續帶著過去的慣性生活著，所以，我們也很常見到，家庭暴力很容易在家庭世代裡「遺傳」，其實有時不見得是生理基因上的遺傳，更多的可能來自於我們從小耳濡目染學習而來的——如何與人相處、如何生存下來的方法，而幼小的孩子，在身心發展還不成熟時，往往得很大程度地仰賴大人，甚至是全盤吸收大人給的反應與「教導」，以為自己、別人、世界就是長得像父母口中這樣子。

小時候的我們可能無從選擇，但當我們長大成人了，我們可以慢慢重新整理自己的書包，整理從小耳濡目染、從父母和家裡學習而來的，關於自己、別人、世界的信念，整理從小學習到如何生存下來的策略，整理當面對壓力情境時，從小學到如何因應困境的方法；思考這些從小習得的信念、方法與習慣，對於我目前的人際關係、情境、事物是不是還派得上用場？是不是還有幫助？還是說，我從小學到唯一的生存策略，可能對我現在的情況，已經不太有幫助、已經不夠用了？甚至可能帶來反效果？如果是這樣，現在，你的覺察與發現，是很重要的開始，這可以是一個起點，讓我們慢慢擴展自己對自己、對別人、對世界的想像，讓我們可以慢慢練習，對於不同的情境、人、事、物，我們或許可以有一點點跟以往不同的因應方式，我們就有機會，打破家中世襲的「遺傳」，讓自己的人生可以從這裡開始，變得不一樣。

21

爸媽吵架都是我造成的？
——運用家庭系統理論鬆綁作為孩子的罪惡感

不知道從幾歲開始，小漳發現家裡氣氛總是烏煙瘴氣的，父母不跟彼此說話就算了，常常要小漳和姐姐替他們傳話、當他們的傳聲筒，一開始小漳還搞不清楚發生什麼事，便會幫忙傳遞訊息，但小漳發現自己常常在父母兩人的冷戰中變成砲灰，時間一久也覺得很厭煩。

小漳姐姐很早就結婚嫁人了，只剩小漳還住在家中，小漳有時都忍不住想，姐姐是不是恨不得趕快離開家，所以很早就嫁人去了？每到過節時，小漳總特別懷念小時候一家人會聚在一起吃飯、聊天、過節的情景，現在父母一人待一間房間，姐姐和姐夫在外縣市生活，小漳一個人在外面遊蕩不想回家，他好希望一切都可以回到小時候的樣子……

很多時候，身為孩子很容易會以為家裡的問題都是自己造成的，這是孩子很自然的反應，特別是我們還小的時候，受限於身心、大腦發展還不成熟，會以為爸媽、大人吵架都是因為我，因為我不乖、因為我不聽話、因為我不寫功課、因為我考不好、因為我一直跟姐姐吵架……所以他們才會吵架。

有時候，在我們童年成長過程中，父母甚至會合理化、外化自己的問題，將其責怪於孩子身上，指責孩子：「都是你考不好，爸爸才會對媽媽生氣！」、「你看你這什麼態度？媽媽才離家出走！」、「你可不可以表現好一點，不要讓爸爸媽媽老是因為你吵架！我們也吵得很煩欸！」

但每個人都會有自己的問題，卻不見得每對伴侶都會用吵架的方式來應對，抑或是將伴侶間的議題轉嫁到孩子身上，有時候孩子反而像是婚姻問題裡的代罪羔羊，伴侶藉由爭執孩子的問題，彷彿就可以逃避伴侶之間的婚姻問題，彷彿都是孩子造成的、孩子引發的，但實際上，當一對伴侶關係足夠穩定、有安全感與信任感時，面對外界的問題，往往能撐起足夠的空間與力量去應對與因應。

結構家族治療理論（Structural family therapy）代表學者薩爾瓦多・米紐慶（Salvador Minuchin）[18]即提及，大多數個人或家庭問題都與家庭結構失調有關。我們可以藉由探索家庭互動關係型態，來了解家庭環境中個體的議題，亦即我們無法去脈絡地來看「單一個體」，個體的議題往往與家庭結構有關，個人與家庭之間就像大小齒輪，彼此以一種環環相扣的系統樣貌存在著。因此可藉由探索家庭特性，來了解家庭發生了什麼事。

我們將以結構治療理論的家庭次系統（subsystems）、界限（boundaries）兩概念來探索家庭，兩概念分別說明如下：

- **次系統**：家庭結構是由許多次系統所組成，例如：配偶次系統、父母次系統、手足次系統、祖父母次系統等。家庭成員在不同次系統中扮演不同的角色，擁有不同的角色功能與責任，而當某一次系統逾越另一次系統時，容易造成家庭或行為問題。
- **界限**：家庭系統的界限指的是，個體如何參與次系統、如何與其他成員互動的範圍與規則。界限可保護次系統間的分別。功能良好的家庭界限是清楚的；但當界限鬆散、混淆不清，成員間的關係容易彼此滲透、干擾，而形成過度糾結的關係。然而，當界限過於僵化、固著，成員間容易缺乏親密與連結，也就是過度疏離的關係。

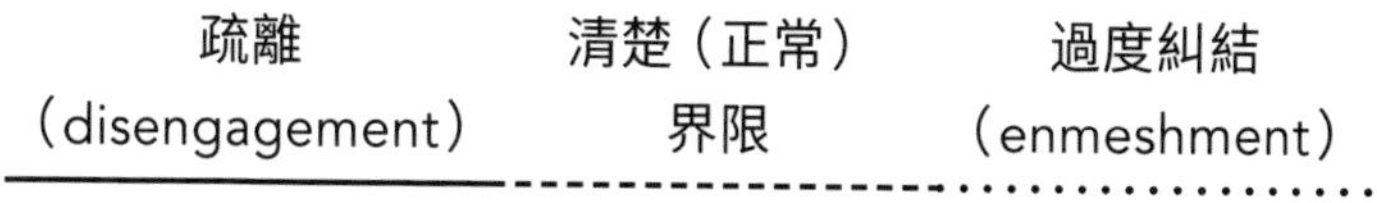

運用結構治療理論來看小瑋遇到的困擾，其實可以發現，在小瑋的家庭中，父母的次系統與子女次系統之間的界限已經鬆散模糊，父母無法自行處理婚姻之間的衝突、無法與對方溝通，便將自身婚姻的問題，轉嫁到子女身上，要孩子來做他們之間的傳聲筒，但婚姻問題其實是父母的、而非子女輩的，是父母應自行負起責任來處理的。

有的家庭當父母衝突更惡劣時，父母會試圖要拉攏孩子、跟孩子訴苦，或是跟孩子「告另一方的狀」，就像是

疏離（disengagement）	清楚（正常）界限	過度糾結（enmeshment）

18 Minuchin, S.（1974）. Families and family therapy. Cambridge, MA: Harvard University Press.

找人跟自己同一陣線，有的孩子會因此特別同情父親或母親某一方，造成父母次系統與子女次系統混淆，甚至形成主要照顧者之一（父或母）與孩子之一（子或女）的同盟，與另一方的對抗。有的孩子會因此夾在父母之間，與父母形成三角關係。這也是為什麼次系統的穩固，對家庭系統穩固來說很重要的原因，當次系統不穩固，也可能侵害到其他次系統，使得界限模糊，讓家庭互動失衡。

失衡的家庭系統：孩子不是父母衝突的代罪羔羊

子女沒有責任要幫父母處理婚姻關係，更不應成為父母婚姻關係中的代罪羔羊。有的孩子會在界限鬆散、失功能的家庭中，因被迫過度承擔父母的婚姻、情緒、經濟或其他困擾等，而產生了「親職化」的現象，孩子被迫提早成熟、懂事、獨立，從子女端的位置，被上提到家長端的位置，來填補失功能父或母的空位。

因此，界限就變得非常重要，當界限模糊不清時，就像人我之間沒有各自獨立的房間，共同生活在同一個小套房裡，情緒很容易互相干擾、互相影響之外，也沒有個人的隱私；而當界限過度僵化、無法撼動時，就好像敏感國家的國界，不可侵犯，一舉一動都可能造成緊張的衝突，失去彼此連結的機會。**適度的界限，讓我們保有各自的隱私之外，也能在尊重對方、自我的前提下，邀請彼此開啟關係互動的機會。**

長大成人的我們，也可以藉由清楚的家庭界限，重新整理與家人的關係。或許我們無法改變家人、也無法改變父母的婚姻，但我們真的不是父母的婚姻治療師，也不是他們的個人諮商心理師，他們必須為自己的婚姻、自己的情緒負責，而面對父母婚姻關係的我們，當然可以有我們自己的選擇，選擇要不要替父母分擔他們的情緒？選擇要不要替父母處理他們的婚姻關係？

很多人會以為父母的婚姻好像是自己的責任，父母的情緒好像是自己的責任，但，父母的婚姻是誰的呢？是父母的；父母的情緒是誰的呢？是父母的。所以，界限，就非常重要了。我們能夠藉由前述的家庭次系統結構，來為自己設立健康、安全的家庭界限，把父母的責任還給父母，讓父母回到父母的位置，讓你回到子女的位置。

這並不是說，從此我就不能與父母互動，不是的，而是在與父母互動的過程中，我們可以有選擇，可以決定，哪些事情是我可以處理的？我願意處理的？哪些情緒是我願意負擔的？並且，在我願意負擔的範圍裡，我當然也可以有一條心理的線，知道說，我願意聽（父／母）你說，但不代表我有責任要幫你處理。

這個意思是，我當然仍然可以是父母的孩子，我可以跟父母有我們之間的親子關係，在跟父母的親子關係裡，請記得：「我是孩子（即使你可能已經長大成人，但在關係軸上，你是子女次系統的子女角色），我不是他（們）的婚姻治療師、也不是他（們）的個人諮商心理師、也不是他（們）的配偶。」

當你的感受覺得太過沉重、太過負擔時，你的身體也正透過情緒、身體感覺在告訴你，你快承受不了時，別忽略你身體、心裡的聲音，我們可以把父母的責任還給他們，把我們自己照顧自己的責任拿回來，讓父母做父母、讓你做孩子，讓你做自己的主人，為自己搭建自己城堡的城牆（界限），把自己保護好、也在保護中慢慢把自己照顧回來。

22 當家庭裡有個令人頭痛的成員，我該怎麼辦？

小淵在家排行老二，有一個姐姐和一個弟弟。因為爸爸媽媽工作繁忙，在弟弟出生後，大姐一直以來懂事乖巧、也會主動照顧弟妹，小淵也安分守己，小弟則因為是家裡的長孫而備受寵愛，從小要什麼便有什麼，父母因為無暇照顧小弟，一直對小弟有虧欠感，而給小弟特別多物質上的照顧，即使小弟成年後也是如此。

小淵看著小弟工作不穩定，不斷跟家裡要錢，有負債也丟給父母處理，常常跟媽媽吵要自己開店創業，但總是欠債收場，就連自己的孩子也是由小淵父母照顧，小淵父母年事已高，要天天應付一個活潑好動的小男孩，常常也感到吃不消，常會打電話要小淵回家幫忙照顧，讓小淵覺得非常困擾……。

當家庭裡有一個令人頭痛的成員時，從系統觀點來看，個體往往反映的是家庭整體的問題，怎麼說呢？以小淵的家庭為例，弟弟若沒有父母的寵愛與照顧，他如何能為所欲為呢？家庭就像是一個系統，個體是相互影響的，因此，從家庭系統觀點來看個體發展，往往需要回溯其家庭脈絡。

阿德勒心理學當中也有家庭星座（family constellation）的概念，提到每個人在家中的出生序（birth order）排行、年齡差距、性別、心理排行，會影響家庭成員彼此互動的方式，主要可分為五種排行：老大、老二、中間、老么、獨生子女，其特徵說明如下：

- **老大**：因是家中第一個孩子，對其一開始所擁有的優勢與資源，容易在弟妹出生後感到不平衡，並努力要保持其地位，可能會過度強調權力、規則而變得過度強勢，但也因為其可能被父母期待要成為「哥哥、姐姐」，而特別有責任感，而顯得特別懂事、早熟。
- **老二**：因從小就處於須與兄姐競爭的位置，可能會特別競爭與有野心，或希望變得特別、與眾不同。他們可能因此而特別成功、或是比其他手足更有特殊天賦，但也可能在有一個特別優異的兄姐光環下，而放棄自我。

- **中間**：可能會是家中脾氣古怪的那個，他們有一種「要就要、不要就拉倒」的態度，因為上有兄姐、下有弟妹，他們對於設定或達成目標、或是在家中爭取一席之地，通常容易有較多的困難，可能因此變得好勝、好鬥或者特別在意不公平。
- **老么**：通常是家中的寶貝，因為備受關愛，也容易被過度保護、或被寵壞，因為責任都被上面的兄姐分攤掉了，他們通常不太需要分擔責任，有很多空間可以發展自己，而有遠大的抱負與理想，也有很多的創意，但可能有時也會顯得不切實際。
- **獨生子女**：因集三千寵愛於一身，有可能會被過度保護或寵溺，也可能因此難與他人分享。因成長經驗中多與大人互動，很容易與大人相處，可能也較偏好與大人相處，也期望永遠都是目光焦點，也因害怕失去其特殊地位，而較難適應團體生活。

在小淵的家庭裡，其實就可以看到類似的情況，姐姐排行老大，自然而然在父母期待下，成為照顧弟妹的角色。在小淵的家庭中，性別也是一個重要的影響因素，弟弟除了是老么之外，更因為是被期待的男生性別，在重男輕女的家中，又更受寵愛。

運用上一章節的結構家庭理論，也可以發現在小淵家中的界限其實也是模糊的，當界限模糊時，關係就容易模糊，而形成過度糾結、黏密的關係，甚至模糊到弟弟幾乎不需為自己負責任。

次系統之間清楚的界限，是讓個體健康成長、發展的關鍵，而當次系統之間的界限模糊，就像是小淵家庭裡的現象，當父母過度承擔、保護、寵溺孩子時，其實也剝奪了孩子成長與學習的機會，讓孩子不需要學習、也不需要為自己負責，當孩子不需要學習時，孩子如何有機會發展能力呢？也就像故事裡的小弟一樣，有遠大的抱負與理想，但缺乏反思、從錯誤中學習與解決問題的能力。

除此之外，父母不只將手伸向小弟，對小弟過度保護，同時，父母也將手伸向小淵，要求小淵一起「分攤」照顧小弟的工作。有時這些話聽起來很有道理，像是：「弟弟也是你的弟弟，大家都是家人，本來就要互相照顧啊」、「你怎麼那麼自私，自己的弟弟都不管了？」但這真的很有道理嗎？

你永遠擁有「畫出界限」的選擇權

我們來想一想，弟弟已經成年，父母仍負有監護弟弟的責任嗎？沒有。當弟弟已經成年，照顧弟弟的責任，在誰身上？在父母嗎？在姐姐嗎？在小淵嗎？其實都不是，對嗎？是弟弟自己要為自己負責了。這並不是說，我們就不能照顧弟弟、不能照顧家人，而是我們要照顧到什麼程度？什麼程度是合理的？什麼程度是過度？當弟弟已經成年，他的身體健康、心智功能正常，其實養活他自己的責任是他自己的，而不是其他家人的。

我們無法改變他人，所以看著家人辛苦，我們可能也會心疼，而像小淵一樣忍不住想投身進入幫忙父母，但我們也要想的事情是，這樣幫忙帶來的長期結果是什麼？這樣的結果是不是我想要的？繼續幫忙父母去幫弟弟的長期結果，弟弟會學會為自己負責任嗎？不會的。父母會學會尊重小淵嗎？

不會的。父母會不會越來越依賴小淵，覺得照顧弟弟是小淵的責任呢？有可能。那這樣的結果，真的是我們想要的嗎？如果不是，請記得，回到自己身上。我們可能無法改變他人，但我們可以調整自己，我們可以拿回自己的主控權，為我們自己做選擇。

有時候，對家人「殘忍」，其實長遠來看，才是幫助他們成長。否則，不只是在傷害他，其實也在傷害其他的家人。就像故事裡的弟弟，長期下來，他的年齡已經成年，但在心智上、在行為能力上，卻缺乏獨立自主、謀生的能力；對父母來說，要不停地為小兒子收拾善後，也不見得是一件輕鬆的事；對小淵姐妹來說，他們也會有自己的人生與家庭，要不停分神、照顧弟弟以及處理弟弟接連不斷的大小問題，其實也是沉重的壓力與負擔。長期下來，在這個家庭裡，沒有人是「贏家」，每個人，都在其中受苦。

很遺憾的是，有時，有的父母，的確會透過「寵壞」孩子，來讓孩子需要自己、讓孩子必須一直留在自己身旁，對這樣的父母來說，他們是「享受」在這樣的「痛苦」裡的。那麼，除非當事人希望改變，其實，其他人也真的很難有著力點可以協助他們，因為他們未必想被協助，他們或許還會覺得：「你這個外人，為什麼要把我們拆散！」

但回到我們自身，我們身為家庭成員之一，我們仍然可以拿回自己的自主權。像是當父母習慣把小淵當幫手時，小淵當然可以有選擇權，決定自己要或不要回去幫忙，或者是，選擇幫忙到多少，哪些是自己可以承擔與接受、哪些是自己無法承擔與接受的，這就是界限。界限可以保護我們不被干擾、不受侵害，也可以照顧我們自己。有時候，有的父母還有一點清明的覺察時，或許也是一個契機——藉由小淵適時地收手，讓父母得以停下來去看一看、想一想，這麼做對自己、對孩子、對家庭的長期影響是什麼。

23

明明關心家人，卻說不出口？
——向家人刻意表達你的愛

小歐上大學後就離家了，出社會之後也都一個人在外縣市生活，一個月大概回家一兩次，因為害怕家人擔心，小歐常常報喜不報憂，偶爾回家時，會被家人碎念都不管家人了、也不打電話回家之類的，小歐聽了心裡很不是滋味，覺得自己也沒什麼事、不知道要跟家人說什麼，覺得又氣又無奈。其實，小歐也不是不關心家人，但越長越大，彼此的興趣和生活圈都漸行漸遠，小歐越來越不知道要跟父母說什麼……

或許是我的刻板印象、或是我個人的觀察，但我注意到華人社會似乎有一種特殊的氛圍，在情感表達上較為內斂、含蓄，尤其是家人之間，所以，如果你也跟小歐有一樣的困擾，別擔心，你一點也不孤單。

如果對你來說，你也希望可以跟家人表達你的愛，或許我們可以一起來探索看看，你的困難是什麼？因為每個人的困難都不一樣，每個人、每個家庭也都不一樣，不見得會有一套方法，適用於每個人、每個家庭，但我們可以從這篇作為起點，來慢慢探索、找到適合自己與家人的方法。

對你來說，表達愛的困難是什麼？是不知道有什麼方法嗎？如果你不知道有哪些方法的話，我們可以藉由第三章介紹的「愛之語」[19]開始練習。我們都希望愛能被對方收到，那對方喜歡怎麼被愛就很重要了，因此，你可以運用第三章愛之語的介紹，與家人一起探索看看，家人喜歡被愛的方式是什麼？

有可能家人不見得那麼熱情、直接、坦承、自在，願意與你一起討論，那沒關係，我們也可以透過日常生活中的觀察，看看對方最常「抱怨」什麼，其實從抱怨下手，是很好的起始點喔！怎麼說呢？其實，每一個情緒背後，都有一個情感需求，所以千萬別忽略家人的抱怨，背後也往往藏著他們

19 請參考第三章第十一篇〈為什麼我已經這麼努力，他就是感受不到？〉。

很重要的內心需求喔！

很多時候，我們聽到家人的抱怨時，因為與家人之間的關係相對陌生人較為親密，或者是與家人間累積多年的愛恨糾葛，這些抱怨往往也可能會直接戳中我們的痛點，容易引發我們不愉快、憤怒、厭惡的感受，長久累積下來可能也會使我們感到厭煩，而不願與家人多相處一秒，甚至希望離他們遠遠的，這些情況都有可能發生，但我想，會打開這本書、閱讀到這裡的你，或許，你也希望可以有些改變，你也希望可以與家人更靠近，對嗎？

或許，我們可以把人想像成

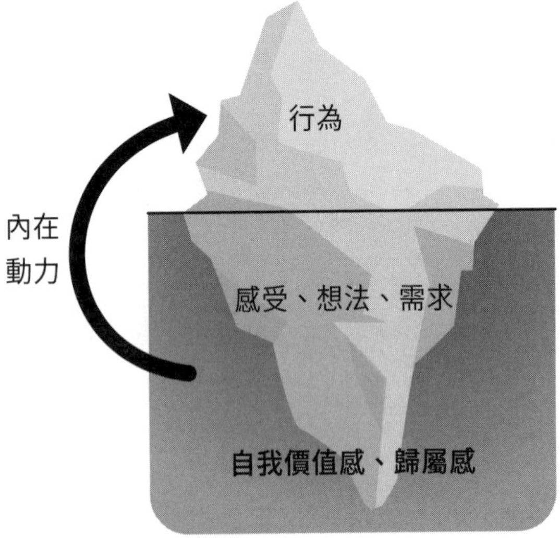

行為

內在
動力

感受、想法、需求

自我價值感、歸屬感

一座冰山，冰山露出在海平面上的一角，是我們很容易看到別人表面上的行為、反應，也就是他們的抱怨，但他們為什麼什麼都要用抱怨的呢？

其實在他們內心深處，有他們真實的感受、想法，在真實的感受、想法再更深一層，其實是每個人都希望擁有的——自我價值感與歸屬感，如果把自我價值感與歸屬感化為問句，其實每個人不論活到幾歲，我們都想知道：「我可愛嗎？我有用嗎？」、「是不是有一個地方是接納我、愛我的呢？」但這樣的問句、需求很赤裸對不對？要問出口還真的非常不容易，尤其是當我們覺得沒有足夠安全感與信任感的時候，要直接說出我們內心的情感需求，真的是一件很不容易的事，說出這樣的需求也讓人感到特別脆弱無助，所以我們很容易用生氣來表達，因為生氣顯得更有力量之外，也不用承認是自己的需求，可以用生氣來保護自己，但無形當中，生氣的表達也可能顯得像是指責、批評他人。

也難怪當我們聽到、接收到家人的批評指責時，我們會想離得遠遠的，可以保護自己，這其實是很自然的反應，只是，這樣與家人保持距離的結果，未必是我們想要的，所以，如果你希望可以與家人更靠近，可以試著練習看看：

一、先緩和、安頓好自己的心情

大部分紛爭、衝突，其實都是從情緒開始的，在處理事情之前，最重要的第一步，其實是先處理心情，當我們可以把自己的心情安頓好，心情是從容、放鬆、穩定的時，我們比較不會有衝動、情緒化的反應，當我們越安穩，在與家人互動、溝通時，自然也會越安穩、放鬆[20]。

二、讀懂情緒背後的情感需求

接著，我們可以從對方的抱怨裡，萃取出對方內心的情感需求，當需求沒有被滿足時，自然會引發情緒，只是有時候，情緒沒有經過理智的思考，很容易會直接用情緒的、下意識的直覺反應，就形成了抱怨，但當我們讀懂了家人的抱怨，我們就有機會回應對方的情感需求。

三、依據需求對症下藥

每個人需要的、想要的都不一樣，我們可以把自己當作是福爾摩斯，有耐心、仔細地來蒐集線索、傾聽對方，只有願意去「聽」，才有機會聽

「懂」，只有懂了，才有機會「回應」，不然就很像亂槍打鳥，花了很多時間、精力，卻發現自己和對方都沒談到重點，反而花很多時間追究事件細節，耗費了許多力氣，陷入了更多的爭執。

每一句抱怨，都代表了一個說不出口的需求

以下表格，提供了十種常見的家人抱怨句型，大家可以想像一下，假想你擁有哆啦A夢的翻譯吐司，試著猜猜看，在這十種抱怨句子後面，他可能心底真正想說的是什麼？（可以運用我希望／我想要／我需要……來造句）去猜猜看說這句話的人，背後的情感需求是什麼？（在親密關係或家人關係裡，我們往往都帶著很原始的依附需求[21]。）最後可以用勾選的

---

20 可參考第六章第二十五篇〈如何不再搞砸關係——一切都是從情緒開始的〉。

21 常見的未滿足依附需求，例如：「我可以靠近你嗎？」、「你會回應我嗎？」、「你會投入我們的關係嗎？」、「我對你來說重要嗎？」等等。詳細說明可參考第三章第十四篇〈如果兩個人越來越平淡，如何重拾彼此的熱情？〉提及A.R.E.的情感連結互動。

方式，猜猜看，對方想要的愛之語是什麼？我們可以用哪一個愛之語來回應他呢？

小練習：

家人抱怨	翻譯吐司（我其實想說）	背後的愛之語需求
範例：「你吃飯可以不要一直看電視嗎？」	範例：「我想要你好好陪我吃飯」	範例：☑精心時刻 □服務行動 □肯定言語 □接收禮物 □身體接觸
「你可以不要一直滑手機嗎？」	參考句型：「我希望／我想要／我需要……」	□精心時刻 □服務行動 □肯定言語 □接收禮物 □身體接觸
「你就只會坐在沙發上看電視嗎？你沒看到我做家事很忙嗎？」		□精心時刻 □服務行動 □肯定言語 □接收禮物 □身體接觸

家人抱怨	翻譯吐司（我其實想說）	背後的愛之語需求
「你除了一直批評之外，就不會講別的嗎？」		□精心時刻 □服務行動 □肯定言語 □接收禮物 □身體接觸
「為什麼你都不會幫忙家裡買些東西回家？」		□精心時刻 □服務行動 □肯定言語 □接收禮物 □身體接觸
「我看別人家小孩都好貼心！都會抱爸爸媽媽……」		□精心時刻 □服務行動 □肯定言語 □接收禮物 □身體接觸
「啊你是什麼時候才要回家？怎麼出去好像不見了一樣？」		□精心時刻 □服務行動 □肯定言語 □接收禮物 □身體接觸
「我在忙的時候，你可不可以主動幫忙？」		□精心時刻 □服務行動 □肯定言語 □接收禮物 □身體接觸

家人抱怨	翻譯吐司（我其實想說）	背後的愛之語需求
「你幹嘛坐那麼遠？跟自己的家人相處好像要你的命一樣？」		□精心時刻 □服務行動 □肯定言語 □接收禮物 □身體接觸
「欸！你都沒有發現今天家裡很乾淨嗎？」		□精心時刻 □服務行動 □肯定言語 □接收禮物 □身體接觸
「我如果看到你喜歡的東西，都會買下來送你耶！你呢？」		□精心時刻 □服務行動 □肯定言語 □接收禮物 □身體接觸

寫完之後，你可以參考以下答案，看看這與你剛剛嘗試作答的結果是否符合，如果你答題準確率很高，恭喜你，你能夠輕鬆越過對方的抱怨、情緒，精準地讀懂對方的需求；如果你的準確率不太高，也別太氣餒，你可以從參考答案來練習，但這些答案也僅供大家參考，這沒有標準答案，因為有

時候，當事人要什麼，真的只有當事人才知道，還是需要大家回到自己的生活、人際關係中，去與當事人溝通、核對、澄清與討論，才會最貼近對方與你們關係的需要。要注意的是，因為抱怨往往涉及用負面情緒包裝個人內心情感需求，同時若又加上對他人的批評指責，真的相對容易引發他人負面情緒、造成誤解，甚至紛爭。

參考答案：

家人抱怨	翻譯吐司（我其實想說）	背後的愛之語需求
「你可以不要一直滑手機嗎？」	「我想跟你多相處」 「我希望你可以關心我」	☑精心時刻
「你就只會坐在沙發上看電視嗎？你沒看到我做家事很忙嗎？」	「我需要你的幫忙」	☑服務行動
「你除了一直批評之外，就不會講別的嗎？」	「我想要你肯定、稱讚我，覺得我是好的」	☑肯定言語

家人抱怨	翻譯吐司（我其實想說）	背後的愛之語需求
「為什麼你都不會幫忙家裡買些東西回家？」	「我希望你會想到我，買些東西回來給我」	☑接收禮物
「我看別人家小孩都好貼心！都會抱爸爸媽媽……」	「我希望你可以抱抱我」	☑身體接觸
「啊你是什麼時候才要回家？怎麼出去好像不見了一樣？」	「我希望你可以回家陪陪我」	☑精心時刻
「我在忙的時候，你可不可以主動幫忙？」	「我需要你的幫忙」	☑服務行動
「你幹嘛坐那麼遠？跟自己的家人相處好像要你的命一樣？」	「我希望可以靠近、親近你」	☑身體接觸
「欸！你都沒有發現今天家裡很乾淨嗎？」	「我需要你的肯定、讚美」	☑肯定言語
「我如果看到你喜歡的東西，都會買下來送你耶！你呢？」	「我希望你會想到我，送禮物給我」	☑接收禮物

「愛之語」的方法大多無傷大雅，就像維他命、營養補充品，多使用對關係無害、也能補充營養，其實也很適合日常使用，關係平時多保養，就像是在累積情感帳戶的存款[22]，存款多就不用害怕突然的意外發生，關係也是這樣的，有時難免會有衝突、關係緊張，但情感帳戶豐厚時，關係更能禁得起挑戰與動盪，更有韌性能面對關係之間的衝突與緊張。

每個人都不同，每個家庭喜歡的互動方式也都不一樣，都可以多方嘗試，表達愛，不限於口語上的「我愛你」，也可以用行動、用讚美、用肢體接觸、用全心全意的陪伴、用禮物來傳遞對家人的在乎，找到適合自己與家人的相處方式，彼此都舒適自在的表達方法，是最輕鬆也較長久的。

22 詳細情感帳戶說明可參考第三章第十一篇〈為什麼我已經這麼努力，他就是感受不到？〉。

24

打造家人「共同體」，創造家庭裡的「儀式感」

小艾和父母、兄弟姐妹一家人都住在一起，但不知道從什麼時候開始，小艾發現大家彼此都不太講話，各過各的生活，明明同住在一個屋簷下，卻好像最熟悉的陌生人。

小艾認真回想，好像從國中開始家裡就是這樣了，哥哥姐姐年紀大小艾很多，早就有自己多采多姿的大學生活，弟弟還在讀小學，國中的小艾跟他玩不起來，父母忙著工作，一家人本來就沒什麼交集，兄弟姐妹成年後更是如此，見了面打個招呼、也不會寒暄，頂多問問要吃什麼、要不要幫忙買？大姐再幾個月就要嫁人了，小艾覺得心情很複雜，擔心一家人感情會不會就這麼散了……

如何從「我」變成「我們」，有時候，藉由一些活動、儀式的建立，可以慢慢凝聚人與人之間的情感，特別是當家庭隨著時光推移，孩子長大、有自己的朋友和生活圈，而父母彼此有自己的工作，其實關係也真的會邁向不同的階段，在家中孩子進入青春期，特別需要自己獨立的時間與空間，其實也是正常發展的過程，只是，如何從彼此獨立的空間中，分別出一段時間是留給家人的，就特別重要了，讓家人在各自獨立中，仍可以重新尋回「我們感」。

儀式感可以藉由形式上的轉換，幫助我們「穿越」、「進入」不同的實體空間或是心理空間，像是：時間、服裝、空間、聲音、氣味，像是疫情期間，當大家都必須在家工作時，就會經驗到工作與生活難以切割的困擾，這是很自然的反應，因為原本，我們會從家裡出門、交通通勤、進入公司上班，就有空間地域上的轉換，也會將家居服換成外出工作服，這是服裝的轉換；對孩子來說，會離開家門、進入學校，上下課會聽見鐘聲，鐘聲就是一個聲音上的提示，明確地轉換、分隔了上下課時間；有時，為了幫助專注或放鬆，我們會有特定的香氛氣味、音樂聲音，這也能帶來空間轉換的效果。

但在家工作，就模糊掉了工作與生活的空間區隔，原本，回家就是下班了，當你離開公司的大門，搭乘交通工具，其實已經開始轉換，踏入家門時，身體會很自然感覺到「下班」，待在家相較於待在公司更容易感到放鬆，所以在家工作，如果可以有明確的工作區／生活區的分隔，會更容易進入工作或生活的狀態。相對來說，當我們在生活中，已經很習慣了「我」的生活，要重新營造「我們」感，藉由儀式或活動的建立，就是很好的開始。

這也是為什麼我們的生活中，會存在畢業典禮、結婚典禮、抓週等儀式的原因，我們會穿上畢業生服裝、婚紗／西裝、禮服等，都是象徵著某一個人生階段的重要時刻，藉由儀式我們產生了身分上的轉換，從學生成為畢業生，從單身進入婚姻，從嬰兒成長為幼兒，藉由儀式也象徵進入了人生的下一個里程碑。

找出儀式具有的元素，打造屬於「我們」專有的參與

我們可以運用以上的元素，來創造屬於我們自己的、我們家的儀式感活動，包含：時間、空間、聲音、氣味、服裝、活動，並不是每個元素都要有

才符合儀式感喔，這些元素的拆解，只是幫助你發想、腦力激盪的入門磚，幫助你更容易開始。

我們可以分析一些常見的儀式感活動，看看它們分別涵蓋了哪些元素：

- 週年紀念日：時間、活動
- 紀念日晚餐：時間、空間、活動
- 過年／萬聖節：服裝、活動、空間、時間
- 生日慶祝：活動、空間、時間
- 固定時間一起吃飯：氣味、活動、空間、時間
- 全家福：服裝、活動、空間、時間
- 時光膠囊：活動、空間、時間
- 開學第一天／畢業／結婚：服裝、活動、空間、時間
- 家庭烘焙／煮飯／野餐日：氣味、活動、空間、時間
- 家庭ＫＴＶ／遊戲／桌遊：聲音、活動、空間、時間

儀式感和形式，我個人認為最大的不同是，我們如何在形式中尋找並賦予它意義，當我們投入情感、願意參與其中時，帶來的感受和體驗就會不同，所以，不用拘泥於哪個活動比較好、應該要有哪些儀式，要記得，我們發想這些活動的重點與初心，是來自於：我希望與家人更靠近，千萬不要流於形式，為了做而做，反而失去了最重要的焦點——家人。當我們能全心全意地和家人在一起，有時候，其實什麼也不做，那就是一種很單純的陪伴，是「我與你同在」最貼近的實踐。

如果在你的家裡，家人之間本來的互動就很少時，也不用馬上要開始一個很大的轉變，一步一步慢慢來，太劇烈的改變，也容易帶來抗拒，因為這讓我們不習慣、也可能讓我們覺得不舒服，就像突然要一個不喜歡運動的人，一起去登玉山，他自然有很大的可能會很抗拒，遊說的過程中，你們可能也都會經歷到很大的困難，因為登山從來不是一個人的事，家庭活動也從來不是一個人的事，所以，要以「家庭」為單位來發想，階段性、漸進式地慢慢練習。

互動程度	適合程度	時間	參與方式	地點	範例：「小艾原本與家人零互動」
少	初階	短	容易	不需移動	初階：練習跟家人打招呼 中階：情況合適的話，可簡短兩到三分鐘寒暄 進階：情況合適的話，找安全的話題聊五到十分鐘
中度	中階	中等	中等	少移動	初階：在客廳一起看電視 中階：買餐點回家邀請大家一起吃 進階：與家人聊聊、關心家人的近況
多	進階	較長時間	稍難	可較遠距離移動	初階：約一天在家一起吃晚飯 中階：約一天去外面吃飯 中高階：約一天在家一起做飯、一起吃飯 進階：與家人來個半日小出遊、與家人在家玩桌遊／打麻將

如果用小艾的例子來討論，小艾家平常互動是很少的，見面也不會打招呼、不會寒暄，那麼要他們一家人聚在一起吃頓飯，就更難了，所以以小艾的情況來說，我們從初階開始，可以是從打招呼開始，如果小艾可以和家人打招呼，那這就是一個很棒的開始。

當家人之間也越來越習慣打招呼，小艾可以增加到與家人寒暄，慢慢拉長寒暄的時間，這樣就開啟了小艾、家人之間聊天的機會，從打招呼↓寒暄↓聊天漸進式地慢慢練習，如果一下子要從完全沒互動，到開始聊天，不論對小艾和家人來說，可能就會像是要登玉山一樣困難，也可能會很尷尬，因為這是他們以前從來沒有過的互動方式，在彼此不熟悉的情況下，我們可以想像像是在認識新朋友一樣，慢慢階段性地練習經營關係，對彼此來說，也比較不會太過吃力、不自然、尷尬，當彼此越輕鬆，對關係也會越自在，自然就有更多的機會可以相處與互動。

上表的初階、中階與進階三程度的練習內容，都可以依個人情況做調整，建議都可以從現階段就做得到的開始，先不要給自己和家人太高的門檻，太高的門檻反而容易造成彼此的壓力和負擔，不要忽略現階段可以做的小小調整，像小艾「只是」練習打招呼，只要與以前不同，改變就發生了，這就是改變的起點。

先別擔心好像沒有「明顯的改變」，有時，我們會很希望看到劇烈的改變，但「戲劇化」的改變，往往也會讓人難以適應，尤其當家庭互動已維持二十到三十年了，突然帶來戲劇化的轉變，也很有可能造成他人的錯愕、震驚，甚至也可能發生不愉快的衝突，反而得不償失。

相反地，當我們可以慢慢、漸進式地進行「微小」的調整時，在無形中，我們自己和家人都會相對輕鬆，當我們越輕鬆，反而越容易上手，也感到有信心願意繼續嘗試，當我們有信心願意嘗試時，我們更有機會繼續努力經營關係、更有機會走得長久，而當微小的改變經過長久日積月累，也會形成驚人的改變！慢慢小步小步地走，反而比較快。

刻意練習的盲點：不是每個家庭都只有一種互動模式

✕為什麼別人家都那麼好

對有些人來說，可能從小就會羨慕別人的家庭，這是很自然的情況，畢竟我們無法選擇自己的家庭，看到別人擁有我們沒有的，會產生羨慕的心情是很自然的反應，表示我們也希望可以擁有。

只是，在家庭的情況上，又相對複雜一點，那個複雜是說，不一定是我一個人改變了，家人就會改變，家人有沒有調整的意願、願不願意嘗試改變，在於他們，而非我們。

若是我們的心情，從羨慕，跑到了與別人比較，並且產生怨懟、不平衡時，其實，辛苦的是我們自己，因為，改變家人並不是我們能力範圍內可以做到的事，而在這樣比較的過程中，反而很可能越比較越痛苦，因為我們無法改變別人，就算我們對家人充滿了怨懟也是一樣，不見得怨懟就會讓家人改變。

○放下不切實際的期待

當我們發現比較並不會讓我們比較好過時，我們也可以想一想，這是不是我想要的情況？如果不是，我們自己的心情是我們可以調整的，而很多時候，失望其實來自於我們內心過高的期待。怎麼說呢？

當我們對他人有過高的期待時，期待與現實的差距，就容易產生失望、甚至會有怨懟，但這個期待其實是我們可以調整的。你與家人生活了這麼多年、這麼長的時間，你其實會比外人更了解你的家人，就你對家人這麼多年的了解，你覺得他們能夠調整自己、變成你理想中的樣子嗎？你覺得他們有多大的意願、願意改變自己呢？如果我們一直把期望放在別人身上，其實，我們就會把掌控自己心情的權力交給別人了，因為別人不是我們能控制的，我們能控制的只有自己。

所以，適切地調整、縮短理想與現實的差距，其實也是幫助我們用一個合理、符合現實的情況，來看待自己與家人的關係，當我們能擁有一個合理的期望時，對自己、對家人、對彼此的關係三者而言，壓力也比較不會那麼大，比較能夠在關係裡放鬆，越放鬆相處起來其實就相對舒服、自在。

○找到適合自己、適合家人的互動方式即可

每個人都不一樣，就算你和兄弟姐妹都是同一家工廠出生的，你和他們一定也不同，當然，你和手足習慣與他人相處、互動的方式也不一樣，所以，並沒有哪一種互動方式一定比較好、或適合全部的人，找到對你、對家人來說，互動起來舒適、自在的方式，那就是適合你們的。表達愛的方式也有很多種，並沒有哪一種比較好，最重要的是，在關係當中相處的你們，是不是確實收到了對彼此的愛與在乎，這才是最重要的事！

第六章

刻意練習照顧自己，成為值得別人經營的人

在關係中努力了那麼久，都是為了照顧與留住「別人」，
現在我們是否可以開始想一想「我自己」？
健康的關係建立在健康的自我之上，
要怎麼重新安定與整頓好自己的情緒、精神與心靈，
不再讓關係因為自己的不穩定而搞砸？

25 如何不再搞砸關係——一切都是從情緒開始的

小安一直以來人際關係都不錯，有一群認識很久、也談得來的好朋友，也有穩定交往的另一半，但最近小安越來越發覺，自己對衝突常不知道該怎麼處理，明明知道情緒反應不應該那麼大，但不論是和朋友或另一半吵架，小安講一講總是忍不住越來越激動，講話越來越大聲，最後不只朋友、另一半無法招架，小安也好討厭這樣的自己……

人是群體的動物，人與人之間總少不了衝突，很多人會擔心衝突好像是不好的、好像是破壞關係的，但不盡然，衝突其實只是反映了人與人之間的差異，重要的是我們如何處理差異，我們如何在差異中，表達與協調彼此的需求。所以，衝突其實不是問題，問題是我們用什麼方式來表達需求[23]。

很多時候，衝突會演變成為問題，往往都是從情緒開始的，這樣說，好像情緒是不好的，但其實不是，情緒是有功能的，情緒像是一個提醒，就像是當手機沒電了，它會跳一個提示出來，告訴你手機現在沒電了，**情緒就像是身體的提醒，告訴你在你裡面有重要的需求沒有被滿足、被忽略了，情緒就像是一個起點，幫助我們可以認識自己、了解自己的需求，更進一步為自己找到滿足需求的方式。**

情緒是人類天生就擁有的，為什麼呢？這與我們的生存有很大的關聯。人類大腦發展是由下而上的，美國神經科學家保羅．麥克林（Paul McLean）提出三重腦理論，依據演化過程來看，人類大腦有三部分：爬蟲腦（reptilian brain）、邊緣系統（limbic system）與新哺乳動物腦（nonmammalian complex），分別說明如下。

---

23 可參考第三章第十二篇〈三天一小吵、五天一大吵，我們還走得下去嗎？〉。

上層腦（理智腦）	新哺乳動物腦	由大腦新皮質組成，此為在高等哺乳動物（尤其是人類）中發現的獨特結構。因此我們擁有語言、抽象思考、邏輯、組織、分析、規劃、認知等能力。
下層腦（情緒腦）	邊緣系統	由杏仁核、下視丘、前扣帶皮質組成。為掌管記憶、情緒中樞。邊緣系統中的下視丘也控制內分泌系統，如指示腦下垂體與腎上腺分泌壓力賀爾蒙。
	爬蟲腦	在我們大腦下方的位置，在顱內大約靠近鼻樑到脖子上方的位置，也就是腦幹，掌控生命中樞，自人類一出生即開始發揮功用，像是：呼吸、心跳、睡眠、體溫調節，以及戰鬥、逃跑、僵呆等本能反應。

美國精神科醫師暨腦神經科學家丹尼爾．席格（Daniel Siegel）[24]，他將大腦分為上層腦（新哺乳動物腦／新皮質）與下層腦（邊緣系統與爬蟲腦）。在下層腦中最原始的腦幹維持人類基本的生存反應，如：呼吸、心跳、睡眠與體溫調節，而邊緣系統中的情緒中樞，能幫助我們快速偵查威脅與危險，當出現威脅時，我們能立即產生生存反應：戰鬥、逃跑、僵呆，生存反應不

需經過上層腦的分析、判斷，能夠立即反應，以幫助我們在危險中生存、遠離危險。這也是為什麼下層腦在人類一出生即發展完成的原因，它能幫助我們生存下來，與演化有很大的關聯。而前額葉的發展，則至二十五歲左右會發展完成。這也是為什麼在二十五歲以前，未成年的孩子較易受情緒影響的原因。

而在現代社會中，威脅或危險可能是什麼呢？很多時候，人際關係中的衝突，就容易變成「威脅或危險」的訊號，因為我們害怕失去關係，這也表明了關係之於人類的重要性，群體生活的生存率總是比離群索居更高。

情緒腦的反應是立即、迅速直接的，因為當危險臨到時，在千鈞一髮之際，時間成了生存與否的關鍵，當大腦接收到威脅時，下層腦會立即發出警報，當杏仁核發出警報時，我們的大腦也像被杏仁核挾持，不放過任何一絲線索搜尋對方的臉部表情、姿態、聲音、語調、語速是不是都透露著關係的危機。也因為危機感迫在眉睫，沒有經過理智腦分析的情況下，往往不會探

24 丹尼爾・席格（Daniel Siegel），《喜悅的腦：大腦神經學與冥想的整合運用》（*The Mindful Brain*），心靈工坊，二〇一一。

究接收到的威脅是否屬實，而立刻打開情緒開關，引發情緒反應：緊張、冒汗、心跳加快、聲音變大、語速變快、音調高亢……。情緒開關打開，就可能引發生存反應：戰鬥、逃跑或是僵呆，因此我們可能會與對方大吵、逃離現場，或是有的人會凍結在現場像是當機一樣，這都是情緒腦可能引發的自然反應。

也就是說，人們之所以會在關係裡情緒失控、與另一半大吵一架、吵得撕心裂肺、不發一語、默不作聲……，背後其實有很重要的原因，因為感覺到依附關係的危險或威脅，促使我們大腦警報大響，就像是跳出一個提示，告訴我們：「感情有危險！」、「我們的關係是不是有問題？」、「你是不是要跟我分手？」、「你是不是不愛我了？」、「你是不是要離開我了？」等等的危險訊號，以至於我們的情緒腦要立即做反應，好讓我們因應即刻的危險情況。

警報大響，其實是有很重要的原因，要幫助我們面對威脅與危險，只是放回現在的情境裡，這些情緒反應，是否適用？是否對我們的關係有幫助？這才是我們需要思考的。情緒是很重要的提醒，它打開了一個入口，幫助我們正視我們自己的需求、我們關係的現況。情緒不是問題，問題是我們如何表達及處理情緒。

不讓情緒搞砸關係的刻意練習

回到小安的例子上，很多時候，我們也可能跟小安有相同的困擾，我們也會跟朋友、伴侶吵架，會有情緒反應，現在，從三層腦的理論，我們可以了解到，當我們的大腦感知、接收到威脅或危險時，會發出警報，這是自然的反應。那麼，當我們情緒來的時候，我們通常都怎麼辦呢？

你會不會也像小安一樣，感到懊惱？對自己生氣？開始責怪自己？那當你責怪自己、對自己生氣時，你的情緒會變得更多？還是更少呢？你會更感覺失控？還是更能掌控情況呢？你是不是發現到了，當我們知覺到關係中的危險，會感到不安、害怕其實很正常（第一層情緒），但當我們又對自己感到生氣時（第二層情緒），我們的情緒其實又多了一層，像是背負了兩個情緒包袱，而讓自己的情緒負擔越來越沉重，在負擔越來越沉重的情況下，是不是也更難有好的狀態去面對衝突、去為自己表達、去和對方溝通呢？

我們可以藉由以下三步驟刻意練習，先安頓心情，再處理事情：

一、重新理解：情緒不是問題，允許自己可以有情緒

幫自己打預防針，試著告訴自己：「我有這些感覺是正常的，因為我可能偵測到我們的關係有危險、有威脅，所以我會有這些感覺，這些感覺出現是其來有自的。」

二、保持覺察：何時我的情緒開關會打開

試著保持對自己的觀察，有時候在關係中知覺到衝突時，情緒會來得很快，就像海嘯把我們淹沒一樣，讓我們無法思考，只能用直覺、情緒立即反應，因此，保持覺察，及早發覺情緒開關打開，更能幫助我們運用理智腦，有意識地反應。

三、給予暫停：給予自己暫停的空間

當情緒腦警報大響，大腦被杏仁核挾持時，情緒反應總是來得又急又快，直接越過了理智腦，沒有經過理性分析、判斷，往往也會讓我們在衝突下口不擇言、說出口是心非的話語，引發關係中更多挑戰、爭執與衝突，因此，當我們發現情緒開關打開時，我們也可以試著讓自己暫停，或許可以先離開現場、去一下洗手間、洗把臉，都是讓自己從刺激中緩和情緒的起點。

談到這裡，你應該發現人在衝突時會有情緒是很自然的生存反應，所以問題真的不是情緒，重要的是，我們如何在情緒來的時候好好處理與表達情緒，因此下一篇，我們會來談，如何照顧與處理情緒。當我們處理好心情，我們自然就更有餘裕和空間來處理事情。

26 情緒一來就無法控制，該如何安頓自己的情緒？

小葶和阿汪交往一年以來，一直都有個問題無法改善，那就是阿汪常常情緒一來，就會完全拒絕溝通，甚至用很傷人的言語和行為，讓小葶感到非常受傷。

這天，阿汪從小葶的手機看到他和其他人的對話訊息，覺得這個人自己怎麼從來沒有印象？小葶從來沒跟自己報備過？於是阿汪忍不住質問小葶：「為什麼我根本不知道這個人？你到底還有多少事情瞞著我？」後來甚至直接和小葶冷戰三天。小葶覺得非常冤枉，所以也不想去安撫阿汪；阿汪心裡明明知道自己反應太過激烈了，其實那些對話也沒有什麼大不了，但就是無法控制自己的情緒，讓兩個人的關係越來越糟……。

很多人可能都有跟阿汪一樣的經驗，當情緒來的時候，好像海嘯一樣，總是有一種要被淹沒的感覺，後面說什麼、做什麼，即使腦袋知道不應該這樣說、不應該這樣做，但自己好像就是有股衝動無法控制……。當這樣的情況發生時，你都怎麼辦呢？

有的人可能就依照自己當下直覺去反應了，情緒來了說什麼就說、做什麼就做了，彷彿不計後果；有的人可能會跟對方大吵一架、據理力爭；有的人可能默不作聲、轉頭就走。但最重要的是，你知道你怎麼了嗎？在那個當下，你的感覺是什麼呢？當你感覺這麼糟的時候，你都怎麼辦？你都怎麼照顧自己呢？

當我這麼問的時候，我發現，蠻多人會突然一愣，講不出話來，不知所措，好像從來沒想過這個問題，從來沒想過「當我心情不好的時候，我可以怎麼照顧自己」。有時候，我會好心疼眼前突然被我提問而愣住的人，你也是這樣嗎？那種心疼，是心疼那個陪我們走了這麼久、辛苦這麼多年的自己，我們竟然跟自己變得好陌生、好不熟悉，連要怎麼照顧自己都不曉得？

那當你疲憊的時候、你傷心的時候，你怎麼辦呢？如果讀到這裡，你也能為自己開始感覺到心疼，我也為你感到開心，因為這是好重要的開始，照顧我們自己的起點，就是從心疼、關心自己開始。

接著，我們可以藉由以下步驟，一步步練習如何照顧自己的情緒：

一、把焦點轉回自己身上

生活中，我們一忙碌起來，很容易把焦點都放在外面，像是：工作、同事、主管、家中長輩、另一半等等，這並不是不好，只是，長久下來，也容易忽略自己、忘了照顧自己，可是，我們自己都不會累嗎？都不會有情緒嗎？肯定有的，因為我們也只是個人，那我們都把情緒放著不理，它就會自己消失不見嗎？不見得，那會不會越放越久、越堆越多？就像氣球一樣，一直往裡面充氣，哪天一不小心碰到一點尖銳物品，什麼時候爆掉都不曉得？有時候，我們會突然大發雷霆，事後才後悔往往有類似情況曾經發生，明明不需要那麼生氣，但不知怎麼的，自己突然就暴怒了，有時候，那件事作為引爆點，也許在你內心深處也知道，或許那只是壓垮駱駝的最後一根稻草。

因此，照顧自己的功夫，就顯得特別重要了，適時地照顧，也能適時讓自己找到抒發的出口，所以，關注自己一點也不自私，照顧自己其實是負責任的行為，為自己的情緒負起責任。

撥一點時間給自己，當我們把自己照顧好了，自然更有餘裕處理事情、人際關係、有更好的表現，對自己、別人都是雙贏。

二、為自己創造支持空間

身體需要實體空間安頓，心理同樣也需要。我們可以試著保留一個時間、空間給自己，在這個時空裡，你可以單純地、優先只關注自己。在這個空間裡，試著為自己創造與保持一個氛圍，是你可以支持自己的，包含：不評價自己、不批評自己、給予自己允許、給予自己接納。在這個支持空間裡，練習涵容自己的情緒。

- **不評價**：暫時停下來去判斷這是好的、還是不好的，對的或不對的，在這個空間裡，你有任何的念頭，都是很自然的反應，念頭會來、念

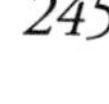

頭也會走。

- **不批評**：不去批評或責怪自己，沒有應該或不應該怎麼做。
- **允許**：允許自己在這個空間裡，可以有任何的感受與想法存在，允許自己可以做你自己、成為你自己的樣子。
- **接納**：不論什麼樣的你，我們都全然地接納自己。因為你就是你，世界上獨一無二、絕無僅有的你。

在這個過程中，試著對自己保持溫和、接納，這份溫和、接納的態度能幫助我們安撫自己的情緒腦，避免自我責怪與自我批評過度刺激情緒腦，而引發更多情緒產生。

三、允許情緒存在

情緒沒有對錯，情緒會出現一定有它的功能和原因，有它要告訴我們的訊息，因此，當我們可以允許情緒存在，我們其實也保有一個機會去認識、了解自己。

在過程中，給予自己接納和允許，練習對自己保持清明的觀察。觀察：什麼時候情緒會來？而當情緒來的時候，我可以允許情緒存在；當情緒可以被你允許存在時，試試看去感覺自己的情緒，去感覺：現在這個感覺是什麼感覺？是生氣嗎？是受傷嗎？還是難過？還有一點委屈？情緒可能會有好幾種，也有可能同時存在，這是很自然的，不需要迴避它、也不需要壓抑它。

在感覺自己的情緒過程中，可能也會想自己為什麼會有這種感覺，或覺得自己不應該有這種感覺，當這些評價、評斷自己的想法出現時，我們也不用收下它，我們可以允許它出現，也允許自己會有一些暫時還無法控制的自我責怪，慢慢再把注意力放回體驗和感受自己的感覺上就可以了。

這個過程中，其實我們也在練習允許自己有情緒、告訴自己情緒不是問題，和練習開始照顧情緒的過程。

四、肯定情緒的功能與重要性

情緒存在是有功能的，所以重點不在於壓抑或去除情緒，而是運用它更認識自己。

情緒有哪些功能呢？情緒激發我們產生行動，情緒告訴我們正面臨壓力、我們需要支持，情緒也告訴我們哪些事物對我們特別重要、而需要我們多加關注或做出改變。換句話說，當我們壓抑情緒或漠視情緒時，其實正讓我們錯失學習與改變的機會。

人類四大基礎情緒：喜、怒、哀、懼，分別有以下功能：

- **喜**：吸引伴侶、結交朋友、激發創意、增強免疫力，快樂能促進社交功能，與人分享等。
- **怒**：生氣表示有些事讓你覺得不公平、不平衡、不滿意，或是侵害到你的權益。憤怒讓我們產生力量保護自己，有力量為自己爭取改變現況。
- **哀**：呈現出某些對你來說重要的事物可能失去了，例如：重要他人、夢想、目標等失落。悲傷、脆弱也幫助我們尋求照顧與支持。
- **懼**：害怕顯現出你正面臨或遭遇的危險或危機，或是你擔心即將可能發生的事。害怕能幫助你遠離危險，或為未來做好準備。

因此，我們可以肯定自己會有情緒一定有重要的原因，我們不需要壓抑或排斥它，相反地，我們可以探索它，幫助我們更認識自己、了解情緒要告訴我們什麼訊息。

五、命名情緒，找到安放情緒的位置

美國精神科醫師席格曾提到，當情緒來了的時候，要安撫情緒腦很重要的方式是「指名它以平息它」（Name it to tame it）[25]，為什麼呢？很多時候，情緒來得又急又快，就像週末的國道五號一樣，一窩蜂的車一下子蜂擁而至，當然會塞車了，情緒來得很快時也是這樣，當情緒很多、不曉得如何表達時，很容易就會讓我們當機，因此找到適當的情緒字詞，其實也是幫助我們在情緒海嘯中，找到一個安放我們情緒的位置。

比如說，當我問你：「你現在的心情是什麼？」你可能會怎麼回答？「還

25 丹尼爾・席格、蒂娜・布萊森（Tina Payne Bryson），《教孩子跟情緒做朋友》（*The Whole-Brain Child*），地平線文化，二〇一六。

不錯」？「還可以」？「普通」？還不錯或是普通是什麼樣的心情？你可能會發現有點籠統，如果這是在我們情緒狀態平穩時可以給出的回答，那如果心情不好、非常糟的時候，是不是就更難回答了？

因此，我們可以試試看先增加自己的「情緒字庫」，這能幫助我們擁有更多的情緒語詞，每個語詞都能夠幫助我們更明確地表達自己的感受，就像在海嘯中找到浮板一樣，來承載自己的情緒。

情緒，通常能用一個語詞來代表，例如：開心、難過、生氣、憤怒、暴怒、愉悅、害怕、恐懼、擔憂、焦慮、緊張、不安、厭惡，並且，可以用：「我覺得……」的開頭完成一個情緒表達的句子，如果句子通順的話，就符合情緒表達的句型。例如：「我覺得開心」、「我覺得悲傷」就是表達情緒。但如果是「我覺得他很煩」這就屬於表達想法的句子了。

當我們能夠藉由以上五步驟安頓自己的情緒時，我們就更有機會為自己撐出空間來容納情緒，當情緒有空間可以被容納和安放，其實也是我們嘗試去理解、同理自己的過程，就有機會來探索自己情緒背後的需求，下一章節，我們一起來更認識自己情緒背後可能有哪些需求吧。

27 為什麼很容易暴怒？——探索自己的情緒地雷

恩恩其實也不喜歡吵架，但也發現，自己好像特別在意某些點，像是當恩恩越來越激動時，而朋友或另一半卻告訴恩恩，「你冷靜一點」、「不要那麼激動」、「你幹嘛那麼大聲」時，恩恩情緒反應就會變得特別大，反而越來越生氣，這些話會讓恩恩越來越不平衡，越要為自己辯駁，也生氣他們不理解自己……。但事後，恩恩往往也感到委屈和懊惱，因為再繼續這樣吵下去，恩恩好害怕會失去朋友和另一半……

人際關係中我們會經驗到很多情緒，包含正向與負向情緒。正／負向情緒沒有誰比較好、誰比較壞，它們都有很重要的功能。這些情緒幫助我們在事件中、在關係中做出反應。

鮑比[26]認為，人類與生俱來的依附系統，促使人類在需要時，尋求親近重要的依附對象。對所有年齡的人，此系統有基本調節功能——能保護個體不受到威脅和減輕痛苦，而此反應在嬰兒期的表現是最直接的[27]。

鮑比[28]也描述依附系統的個別差異。當孩子有需要，依附對象可給予回應與可親近的反應時，能提升孩子的依附安全感，也提高了當孩子在痛苦時，願意向依附對象尋求支持的信心。但當依附對象是不可靠且不支持的，孩子即使尋求親近也無法緩解困擾時，孩子就失去依附安全感，此時，其他尋求親近的情緒調節策略就會出現（次級依附策略：逃避依附策略和焦慮依附策略）。

也就是說，情緒就像是依附系統的提示，告訴我們，此時此刻是安全的？還是危險的？當感覺到威脅時，情緒就會跳出來提醒我們，激發依附系統，促使我們使用依附策略，來緩解情緒與在關係中的不安。

而隨著孩童成長，依附對象會逐漸由父母轉為同儕，成人後便是伴侶。馬里奧．米庫林瑟（Mario Mikulincer）和菲利普．夏弗（Phillip R. Shaver）[29]提出了三階段的成人依附系統模型，他們依鮑比理論假設，當個體在日常事件裡知覺到潛在或實質的威脅時，會激發依附系統活化。

當依附系統受到威脅

一旦依附系統活化，會促使個體使用依附策略去確認：「依附對象是不是可找到的、可回應我的需求的？」當個體確認是肯定的，會帶來依附安全感，也能促進以安全感為基礎的情緒調節過程（當我在親密關係裡，可以找到對方、對方願意回應我、關注我時，我會有安全感；當我有安全感時，我也能給予對方回應和關注，促使關係更穩定的正向循環）。也就是說，依附

---

26 約翰．鮑比，《依戀理論三部曲一：依附》（*Attachment & Loss: Attachment (Volume 1)*），小樹文化，二〇二〇。

27 Bowlby, J.（1988）. *A secure base: Clinical applications of attachment theory*. London: Routledge.

28 約翰．鮑比，《依戀理論三部曲二：分離焦慮》（*Attachment & Loss: Separation (Volume 2)*），小樹文化，二〇二〇。

29 Mikulincer, M. & Shaver, P. R.（2007）. Attachment in adulthood: structure, dynamics, and change. New York: Guilford Press.

成人依附系統的活化與運作模式圖

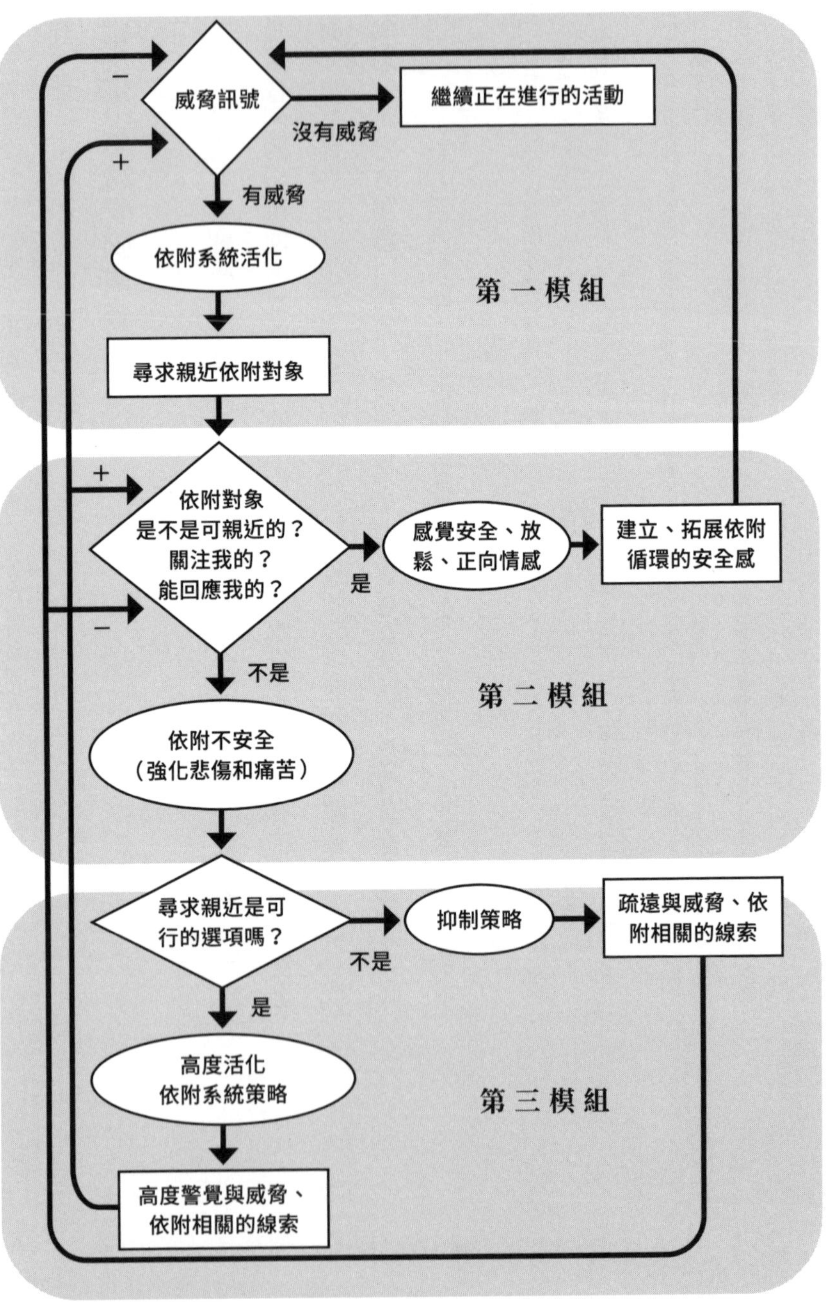

系統調節的目的，在於減輕情緒困擾、維持舒適（安全感）、支持親密關係及增進個體的情緒調適[30]。

相反地，當個體發現找不到依附對象、對方是無法親近的、沒有回應時，會引發依附不安全感，使個體開始思考：尋求親近是否可行。個體會依據過去的依附經驗或環境線索，評估對方是不是可親近、此策略可不可行或必不必要，這都會影響個體願不願意嘗試找對方、以及向對方尋求支持和愛的積極度和堅持度。

有些人因童年成長經驗或受過去經驗的影響，傾向使用裘德．卡西迪（Jude Cassidy）與羅傑．可貝克（Roger Kobak）所謂的「高度激發策略」（hyperactivating strategies）[31]，因為他們會不斷關注對方與關係，並付出龐大努力，直到知覺到依附對象是可親近的、以獲得依附安全感為止。

而當有些人評估尋求親近無法減輕情緒痛苦時，會壓抑尋求支持的需

---

30 同上。

31 Cassidy, J., & Kobak, R. R. (1988). Avoidance and its relationship with other defensive processes. In J. Belsky & T. Nezworski (Eds.), *Clinical implications of attachment* (pp. 300-323). Hillsdale, NJ: Erlbaum.

求，也會轉而積極嘗試獨自處理自己的痛苦，稱為「抑制策略」，因他們主要目標在抑制依附系統，以避免當無法親近依附對象或無法取得依附對象回應時的挫折和痛苦。這些策略包含否認依附需求、迴避情感涉入、親密和親密關係中的依賴，也包含了撤回感知威脅、與依附有關的資訊、抑制與威脅與依附有關的想法[32]。

談到這裡，你應該發現，情緒就像是依附系統的警報，它在告訴我們：關係可能有威脅、危險，提醒你可能需要採取行動以維繫或保護關係，只是每個人因成長經驗不同，會形成不同的依附類型，以至於採取不同的依附策略：安全依附策略、逃避依附策略或焦慮依附策略。

因此，情緒其實不是問題，重要的是我們如何發現什麼會引發我們的情緒？什麼會激發你的不安全感？刺激你的敏感神經？可能會讓你感覺到危險或威脅？

認知自己的情緒痛點

在EFT取向裡，強森博士將此稱為痛點（raw spot）[33]：當一個人在過去或現在的關係中，依附需求反覆被無視、忽略或拒絕時，所形成的過敏反應。

我們可以透過以下步驟，來探索自己的痛點：

一、為自己安排一個安全、舒適、安靜的時間與空間，回顧與探索過去經驗

我們可以給自己一個安靜、安全的空間，允許自己有一段時間好好去回顧與探索過去經驗。通常，我們會學到教訓，往往來自很痛的經驗，所以或許過去經驗裡，曾發生過讓我們覺得很痛、很受傷、很難過的時刻，它可能是一個事件、一個小小的片段、一段記憶，它是不是客觀真實不要緊，因為別人不記得，不代表它不曾存在，重要的是對你來說是印象深刻的，那對你來說就有影響力。

---

32 Mikulincer, M., & Shaver, P. R.（2005）. Attachment theory and emotions in close relationships: exploring the attachment-related dynamics of emotional reactions to relational events. *Personal Relationships*, 12, 149-168.

33 蘇珊・強森，《抱緊我：扭轉夫妻關係的七種對話》，張老師文化，二〇〇九。

在回顧過程中，可能會引發負向感受翻攪，確保自己在這個空間可以慢慢來、不受打擾，也是一種照顧自己的方式。當我們確保自己足夠安全時，我們才有可能展露出自己脆弱的地方，因此這個空間，也是我們為探索自己，甚至是保護、安頓自己所預備的。

二、保持開放、放鬆與好奇，回溯過去經驗中的情緒痛點

每個人的經驗都不一樣，沒有絕對的對錯，允許自己去感覺、回顧過去經驗，有時回顧與探索過去經驗可能會帶來一些身體反應（喉嚨緊、胸悶、心跳很快等），如果反應太大或讓你覺得不舒服、無法承受，你也可以隨時停下來，過程中，不需要強迫自己，強迫反而可能造成反效果，讓我們的脆弱無所遁逃，也可能讓自己感覺更受傷。如果這些情緒可能讓你感覺恐慌、受不了，你也可以適時停下來，尋求心理諮商或心理治療專業人員陪伴你一起探索。

在《抱緊我：扭轉夫妻關係的七種對話》（*Hold Me Tight: Seven Conversations for Lifetime of Love*）一書中，強森博士提供兩方向，可以幫助我們去探索什麼可

能是我們的痛點，或者觀察發生什麼事會讓你有以下反應：

- **情緒在一瞬間突然劇烈轉變。**如：本來還有說有笑，一瞬間從好心情馬上翻臉。
- **情緒反應與該事件不成比例。**如：只是一件小事，卻讓你非常暴怒。

三、探索該情緒痛點前發生什麼事？感覺或想到什麼讓你有這樣的情緒？

前面有提到，情緒就像依附系統的警報，我們可從此情緒當起點，嘗試去探索自己的情緒地雷：

- 當時發生了什麼事？你看到、聽到、感覺到、想到什麼？是在什麼地方？跟誰？做什麼？是什麼讓你有這樣的感覺？
- 這些情況往往與依附需求有關，例如：他不理我了、他沒把我放在心上、他是不是不在乎？我被拒絕了、我被忽略了、我不重要、他是不是不愛我？他都不聽我說話、我覺得好孤單、沒有人可以理解我、他

都不需要我……等等。

情緒地雷顯現出我們內在的恐懼，既是恐懼，同時也顯現出我們內心深處最在乎的情感需求。因此，我們可以試著安頓自己——我有情緒是正常的，因為我也有我的需求，我的需求不是問題，問題是我們如何處理需求。當我們一直壓抑、否認、逃避自己的需求時，會感覺到被愛？被重視？被在乎嗎？很難對不對？會不會反而越來越覺得自己一點也不重要，別人都不懂我，他們一定都不在乎我？那反而陷入很痛苦的惡性循環對嗎？讓我們試試看，運用以上三步驟，允許並正視自己的情感需求，這就是我們可以刻意練習重視自己、照顧自己很重要的起點。

28

療癒關係，要從療癒自己開始

每當和朋友或另一半吵完架，祐祐就會把自己關在房間裡，一邊回想、一邊大哭，他非常懊惱，覺得自己明明不喜歡吵架、也不想和他們吵架，但總是忍不住激動起來，他理智上知道自己應該要冷靜，但情緒常常衝得比理智還快，祐祐不知道自己該怎麼辦才好，再這樣下去，身邊的所有人感覺都會棄自己而去……

祐祐的困擾可能也是很多人的困擾，明明理智上知道不應該情緒性發言、不該暴怒、不該人身攻擊對方、不該跟對方大吵，但行為上卻常常口是心非、說出不該說的話，延續上一章節來看，這其實是很自然的情緒反應，是當我們偵測到威脅或危險訊號時，依附系統被激發的情緒反應，像大樓的火災警報系統一樣，會激發我們的生存反應：戰鬥、逃跑或僵呆，發出的警報訊號往往尚未經過理智腦的理性分析，因為一旦動作太慢，我們可能就會深陷火窟，有時候，大腦運作也是這樣的。我們其實可以練習，把這個情緒地雷當做起點，它可以是我們認識自己、照顧自己的起點，只有當我們知道自己需要什麼，我們才有機會給予自己照顧。

很多時候，我們會希望別人可以滿足自己的需求，所以，我們會依賴朋友或另一半，等待別人來滿足自己，這並不是不好，只是可惜的是，別人未必會知道我們的需求，因為，我們未必知道自己需要什麼，對不對？

比方說，你知道你的情緒地雷是什麼嗎？如果我們不知道，我們就不曉得自己什麼時候會爆掉，就不曉得應該在什麼情況，更小心照顧自己，也不曉得該如何跟他人表達、溝通自己的需求。

很多人以為只要進入關係，我們就會獲得療癒，但很常見的是，在搞不清楚自己想要什麼、對方是否適合自己的情況下，倉促進入關係的結果，往往也可能適得其反，讓自己更挫折、更受傷，而更封閉自我或是更迫切進入

下一段關係。

這樣說來，認識自己，其實是好重要的開始，它能幫助我們更了解自己的需求，也能幫助我們開始照顧自己。怎麼說呢？當我們沒有整理過童年經驗，我們可能就會一直帶著過去學習到的舊方法進入新的關係，但是過去的策略未必會適合新的關係、新的情境、新的人。很多時候，這個舊方法，大多是從家庭童年經驗中學來的，當我們沒有被好好愛過時，也很難了解怎麼愛自己、愛人。

當年那個幼小的你，是如何被對待、被照顧的呢？那些被對待的經驗，天天耳濡目染下，也習得我們一身技能，儲存在我們的「人際資料庫」裡。這些方法因為非常熟悉，一旦遇到令我們緊張的壓力情境、地雷一觸即發時，直覺反應當然是從過去的「人際資料庫」裡去撈工具和方法。

但若我們過往未曾被好好對待，從小到大經歷到的若是批評、恐嚇、指責、高期待、高要求、羞辱、嘲諷、冷漠、忽略……，那我們收納進「人際資料庫」裡的會是什麼呢？會不會也都是批評、恐嚇、指責、高期待、高要求、羞辱、嘲諷、冷漠、忽略……？我這麼說不是要責怪上一代，而是如果我們未曾去正視發生在我們身上的經驗，它很容易在無意識中被我們學習、複製，甚至，我們也學會這樣對待自己、對待別人。所以，很多人也發現，在談戀愛後、婚後、有小孩後，我怎麼變得好像我的爸爸媽媽？我不想跟他們一樣，平常沒事也都好好的，可是，當我壓力大、情緒一來的時候，我說出口的話、我的行為反應卻跟他們一模一樣……。

刻意探索過去經驗，才有更多餘裕面對未來關係

當我們願意正視發生在我們之間的痛苦時，我們就有機會，去促成那個我們想看見的改變，就從我們自己開始。這就像是一個整理書包的過程，或許，小時候的書包，裝進很多我們無從選擇的東西，但現在我們長大成人了，我們可以重新打開書包，給自己多一點耐心，慢慢看清楚它們是什麼，哪些是我想留的，哪些是我希望可以減緩它們對我的影響力的？那我們就可以開始，一點一點地把自己愛回來。

這也是為什麼有時心理諮商會花時間探索過去經驗的原因，阿德勒[34]曾提及大約在四、五歲的年紀，就已經形成人生原型（prototype），因此我們需要對童年的記憶有多一點的探索與了解。

我們可以延續上一章節的步驟一和二，試試看探索童年經驗：

一、為自己安排一個安全、舒適、安靜的時間與空間

給自己一個安靜、不受打擾、安全的空間，允許自己有一段時間好好地去回顧與探索過去經驗。在這裡，你的感受是最重要的，你可以暫時不需要顧慮別人的感受和想法。

二、保持開放、放鬆與好奇的態度

每個人的經驗都不同，沒有絕對的對錯，允許自己去感覺、回顧過去經驗，如果反應太大或讓你覺得不舒服無法承受，你也可以隨時停下來，過程

34 阿德勒，《阿德勒心理學講義》（*The Science of Living*），經濟新潮社，二〇一五。

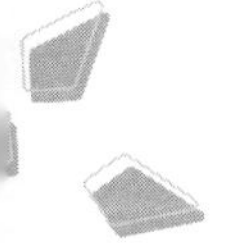

中，不需要強迫自己。

三、試著回想一個小時候印象深刻的經驗

如果可以，你可以回想五歲前印象深刻的一次經驗，如果五歲前已不復記憶，青少年以前印象深刻的經驗也可以。試著描述經驗中有哪些人？在什麼地方？什麼情境？過程中發生了什麼事？結局是什麼？

在這個步驟，可以盡可能描述這個經驗，如果對你來說，要說出口很難，你也可以用畫的、用寫的都可以，描述的過程也是你在探索自己的過程，不需要擔心你描述得不夠精確或不夠客觀，對你來說印象深刻的，就是對你有影響力的。

四、試著整理一下這些經驗

當你描述完童年印象深刻的經驗後，試試看探索一下：

- 你的感覺是什麼？

- 這個經驗對你來說代表了什麼？讓你想到什麼？
- 對你來說，這個經驗怎麼影響你？它怎麼影響你的過去？它怎麼影響你的現在？它怎麼影響你的未來？
- 如果這個故事有一個標題，你會幫它下什麼標題？

五、探索你的生命風格（內在運作模式）

讓自己停留在這個童年經驗的感覺裡，試試看完成以下的句子：

從這個經驗裡，我感覺／我覺得／我認為：

- 我是＿＿＿＿＿＿＿＿（三個形容詞）
- 別人是＿＿＿＿＿＿＿＿（三個形容詞）
- 世界是＿＿＿＿＿＿＿＿（三個形容詞）
- 所以我要／我必須＿＿＿＿＿＿＿＿才能生存下來（行動：做什麼、怎麼做）

如果你覺得這部分有點困難的話，我們可以用祐祐來當範例。

祐祐覺得：

- 我是愛生氣的、不討人喜歡的、衝動的
- 別人是討厭我的、會離開我的、不耐煩的
- 世界是不會為我改變的、殘酷的、危險的
- 所以我要／我必須壓抑自己的情緒、不要生氣，才能生存下來

（因本章節祐祐的故事很簡短，在資訊不足的情況下，恐怕無法十分精確、貼切，僅供你做發想參考。在你的書寫裡，你不需要擔心對錯，你的童年經驗、記憶都是屬於你的，你當然會最清楚發生什麼事，你的感受也是最真實的，所以，不需要擔心不夠精確，你的感覺是最重要的。）

童年經驗的探索，並不是說童年定生死，而是我們在童年時期（認知、身心都尚未成熟時）所形成的原型，可能也會在我們成人後，在各種不同的

壓力情境、事件中，變得不合時宜、缺乏彈性，因此我們可以透過整理書包，來幫助自己拓展具有彈性的人際因應策略。

最重要的是，透過這個探索找到療癒自己的起點，當我們之後經歷類似的情況時，我們可以：

一、給予自己理解

理解自己，因為我曾有過這樣的經驗，所以我會有這樣的感受是很自然的反應。允許自己會有負向的感受，不否認、不壓抑自己的感受，我們也像是在拍拍、安慰童年那個受傷的自己。我們不需要告訴他不要哭、不要難過或沒什麼，相反地，我們可以正視他的感受，拍拍他、安慰他：「當年你經歷了某某事件，難怪你現在會有某種情緒，你可以哭、也可以難過，我會在這裡陪你。」

二、練習照顧自己

情緒背後往往也有我們的情感需求，我們可以先想一想，當下次有類似

事件或情況發生時，我們希望如何被對待、如何被照顧，試試看用自己希望被對待、被照顧的方式來安撫和照顧自己，看見當年那個受傷、幼小的你，現在的你可以傾聽他、安慰他、照顧他，這就是我們可以愛回自己的開始。當我們可以開始看重自己的情緒與照顧自己的情緒時，才不會在關係中忽略自己的需求、把自己消音。

當我們把自己照顧好了，自然而然會有力量、有餘裕經營關係。有時候，照顧自己的過程並不容易，可能會因為過去經驗而引發罪惡感、愧疚感等，你也可以尋求心理相關專業人員，陪伴你探索與練習如何照顧自己。

29 你不需要很完美才值得被愛，你值得被愛，因為你就是你

小苓最忌諱的，就是另一半阿立常常莫名其妙人間蒸發，傳訊息不回、打電話不接，這讓小苓非常沒有安全感，但每次溝通，阿立都會說：「我就是忘了看手機」、「我就是在忙啊」、「你為什麼要這麼緊迫盯人，你這樣真的很惹人討厭！」、「不要在一起就算了！」

當吵架的頻率越來越高時，小苓也覺得阿立離自己越來越遙遠，所以小苓即使又沒有安全感了，也不敢再跟阿立反應，只敢壓抑自己的不愉快，只怕阿立真的會不要自己了……

有時候在關係受挫的人會很自責，總是非常努力地想，是不是自己哪裡做錯了？說錯了？做得不夠好？如果我怎麼做，他是不是就不會生氣？就不會討厭我？就不會離開我了？

但當我們從這個角度想的時候，會不會也不夠全面？對自己不夠客觀？我不是說要來找誰對誰錯，但就像新聞媒體一樣，我們也需要對自己客觀地平衡報導，除了檢討自己之外，我們也可以跳出來，用一個較為全面的、平衡的角度來看整件事。通常會發現，在此之前你或許也曾經嘗試過一段時間，嘗試平和地表達、努力地尋求方法改善與調整，但很可惜的是，**一段關係的經營只有你一個人努力往往是不夠的。**而當我們在關係感到不安全時，我們也很難自在、放心地展露自己的脆弱。

感情（或人際關係）像是一場冒險，西格蒙德．佛洛伊德（Sigmund Freud）[35]曾提及：「我們從未像愛一個人時那般脆弱；而我們也從未像失去所愛這般絕望。」（We are never so vulnerable as when we love, and never so hopelessly unhappy as when we lose the object of our love.）

米庫林瑟和夏弗也提到在依附關係裡，個體的情緒不只會影響自己的行為傾向，也會影響伴侶的回應和雙方互動的品質。如：當我們憤怒時，可能會激發我們傷害對方的行為，當對方被攻擊時，可能會因此下意識地反擊或是逃離現場；而當我們開心時，我們可能會想親近對方，對方在感受到安全與信任時，可能也願意與我們靠近等。情緒與行為反應、對關係的影響是息息相關的。

同樣地，當對方對我們怒氣相向時，我們可能也會下意識地自我防衛以保護自己。當一段關係可能傷害你、使你失去安全感時，會讓依附系統發出警報、引發負向情緒，也是自然的反應。所以問題不是你感到不安，你的不安，其實正在提醒你，這段關係有危險或威脅，問題是你有沒有注意到這個危險訊號？這個不安是從哪裡來的？或許是前一段關係？還是眼前的這一個對象？你有沒有注意到對方是不是尊重你的？這段關係是不是可以給你信任感和安全感的？你們是不是能夠互相尊重、一起合作，面對你們之間的差異與困境？

35 西格蒙德・佛洛伊德（Sigmund Freud），《文明與缺憾（中英對照）》，商務，二〇一七。

如果你正深陷其中很難判斷，也可以找可信任的第三人或專業心理相關人員協助你釐清。或者，你也可以代換一下角色，想像，如果你朋友遇到這樣的情況，你會怎麼回應他？

有人說愛人之前要先愛自己，我想並不必然是若你不愛自己就沒有人會愛你，而是當你不懂得愛自己時，你可能會很難給自己空間、讓自己在關係中好好被愛，因為當對方不尊重你時，你可能也很難發覺，或是知覺到情況不對勁，你不應被這樣對待，而為自己挺身而出、保護自己、為自己發聲、跟對方溝通……。

因此，**在找到一個懂得尊重你的人之前，你需要尊重你自己，當你看重你自己時，在你被不當對待時，你才會發覺不對勁而為自己挺身而出，否則，你可能會習慣再次壓抑自己的感受、忽略自己的需求、接受別人對你的剝削而不自知。因為在你心底深處，你很難相信，有人會真心對你好、甚至是——你值得別人好好對待你，所以當你遇到這些不合理、不尊重的對待時，你可能早就見怪不怪、習以為常了。**

就像當你已經泡在海水裡很久很久時，你幾乎難以發覺，原來海水這麼鹹，因為你從小或可能每天身處於這樣的環境中，直到有一天脫水了，你才發現原來海水是不適合人生存其中的。而當此時想要開始好好愛自己時，卻不知道該怎麼做，因為你可能從來沒有感覺過淡水的滋味，也可能從來沒有過可以擁有自己感覺的經驗。

花一些時間感覺自己、跟自己重新連結

很多人不曉得什麼是愛自己，以為花錢在自己身上、買想要的東西給自己，就是對自己好，這不見得有錯，但有點可惜，那個可惜是，買東西給自己未必能真正貼近你的需要，而你需要什麼，只有你的身體和心理知道。

但很多時候，可能因為從小、一直以來很少有人在乎你的感受，或是很久沒有貼近自己、關注自己的感受，而變得跟自己很不熟，不曉得自己到底喜歡什麼？討厭什麼？在什麼情況下，特別敏感？喜歡怎麼被對待、不喜歡怎麼被對待等。

試著開始練習，在日常生活中撥出一些片刻給自己，把專注力放在自己身上、觀察自己的感受，什麼時候你感覺到開心？難過？生氣？厭惡？不論是正向或負向情緒，背後都傳達著你個人的好惡或需求是否被滿足，你可以透過以下情緒日記的範例，嘗試記錄日期、時間、感受、事件等，這些資訊能幫助你更了解自己的喜好，以及哪些事對你影響特別大？可能是你特別在乎的？對你特別重要的？

情緒日記

日期	
時間	
地點	
感受	情緒類別：開心、生氣、難過、厭惡、擔心……
	情緒強度：弱——普通——強 1—2—3—4—5—6—7—8—9—10

事件	（人物、事件如何發生、事件過程、事件結局……）
補充／備註	如：身體特殊情況……

在練習把專注力放在自己身上、觀察自己之後，我們就更容易發現何時可能是需要照顧自己的時候，像是面臨身體特殊情況：睡不好、生理期、身體特別脆弱……，或是面臨突發或中長期壓力事件：快要評鑑、重要考試即將來臨、重要親人過世、考核、準備結婚、待業中……。同時，我們也能夠從情緒日記（開心／放鬆的情緒紀錄）中，找到能讓自己感覺好一點的方法來照顧自己。

藉由幾個月的紀錄，也能夠更了解自己情緒的週期，是不是有些時候、某些情況，可能情緒特別容易受影響？這沒有絕對的好壞，就像天有陰晴、月有圓缺，人也會有身體抵抗力比較不好的時候，心理也是，當發現我們抵抗力比較弱的時候，就能夠適時幫忙自己補充心理養分，增強自己的心理免疫力。

增強心理免疫力，從自我疼惜（self-compassion）開始

德州大學奧斯汀分校心理學教授克麗斯廷．納夫（Kristin Neff）[36]，也是自我疼惜（self-compassion，又譯自我慈悲）領域中的研究先驅，她認為自我疼惜是「對自己所受的苦敞開心房，被自己所受的苦打動，願以關懷與仁慈對待自己，以理解和不批判的態度面對自己的不足和失敗，意識到我們所經驗到的痛苦、失敗和不完美，是人類共同的經驗之一」。

身體往往最容易反映出真實的心理狀態，但多數人常被灌輸負向情緒是脆弱的觀念，也常讓我們在經歷負向事件時，更易自我打擊，加倍負向情緒對身心的影響。

當我們不接納、不允許自己有負向情緒，很容易因過度壓抑而使我們身心發炎。這麼說吧，連身體的傷口都需要透氣、需要休息，更何況心裡的痛楚？

自我疼惜是一種自我照顧心理狀態的方式，具心理韌性的人往往能與自己的情緒建立溫柔、和善的互動。透過給自己的情緒寬容、接納的理解，幫助自己紓解情緒，而非壓抑、批判或再次打擊，讓情緒得以被照顧並自然紓解與釋放。

很多人其實不缺乏憐憫心，他們多半很能夠同理、心疼他人的感受，但面對自己時，卻很難以同樣平衡的狀態來對待自己，往往很容易陷入過度認同自身負向情緒，而自我批評與責怪。

因此，我想邀請你，如果你也有這樣的困擾，我們試試看換個位置，想像一下，如果你的好朋友，他現在正經歷你的情況，你會怎麼對待他？

- 作為他的好朋友，你會對他說什麼？
- 在他這麼痛苦、挫折、難過的時候，你會如何安撫他？安慰他？陪伴他？

---

36 Neff, K. D.（2011）. *Self-Compassion: Stop Beating Yourself Up and Leave Insecurity Behind.* New York: William Morrow.

• 你從他身上看到他有哪些優勢？特質？他如何努力一路到現在？

如果你還是覺得很難，沒關係，我們也可以再換一個角度試試看，這一次，我們借用一下你身邊支持你的好友、支持你的家人的眼光，回想一下：

• 他們眼中的你是什麼樣子的？他們欣賞你哪些地方？
• 他們從你身上看到你有哪些優勢？特質？你如何努力一路到現在？
• 他們為什麼和你成為好友，為什麼一直在你身旁支持你？
• 如果他們知道你經歷了這些，他們會跟你說什麼？他們會如何對待你、陪伴你？

對有些童年曾遭受生、心理虐待的成人來說，要練習自我接納與自我疼惜可能很不容易，可能在練習的過程中，會出現嚴厲的自我批評與指責，而干擾自我理解、肯定與接納自己的過程，這在童年受虐、有過創傷經驗的成人身上是很常見的，鼓勵你可尋求專業心理諮商／心理治療人員協助你，你可以不用一個人獨自面對。若你身處的位置無法就近尋找到合適的心理專業資源，你也可以透過閱讀《這不是你的錯：對自己慈悲，撫慰受傷的童年》（*It Wasn't Your Fault*）[37]，來幫助你學習自我照顧。

37 貝芙莉．英格爾（Beverly Engel），《這不是你的錯：對自己慈悲，撫慰受傷的童年》（*It Wasn't Your Fault*），心靈工坊，二〇一六年。

刻意練習的盲點：愛自己不是說說而已

✕買東西給自己就代表愛自己

很多人可能很常聽到「愛自己」這個概念，但不清楚愛自己到底是什麼？就會想，那我買喜歡的東西給自己，這樣是不是愛自己？買東西給自己的確可以是一種照顧自己的方式，但不僅止於如此，自我照顧可以包含生理、心理、社會（人際）等各個層面，試著把自我照顧從你的待辦事項裡拿出來，放在優先事項中，只有當我們把自己照顧好了，才有心力去應付生活中的各樣挑戰。

試著去感受你的身體狀態，當你累的時候，你很難有體力；試著去感受你的心理狀態，當你太耗能時，你很難專注；試著去觀察你的人際活動，當你缺少人際連結時，你可能會感到孤單、痛苦……，當你把焦點拉回自己身上時，你已經開始自我照顧的旅程。

愛自己不只是空泛的、物質上對自己好，更是生理、心理上與自己連結，我們可以練習聆聽自己內心的聲音、體察身體的反應、感覺心理的感受等，開始練習照顧自己的需求。

當我們看重自己，我們才有機會練習愛自己，讓自己可以開始覺得自己是夠好的、有價值的。

○自信不會一直都有，會起起伏伏，會沮喪失落，這都是正常的

有時候大家會誤以為，如果我夠認真、夠努力、做得夠好，那麼我就再也不會沮喪、難過，或者，我就會很有自信，再也不會感到自卑或挫折。這其實是很大的誤區，情緒就像海浪，本來就會有起伏、有高低潮，這些都是

正常的反應，不代表說，當我們把自己照顧好了，負向情緒就再也不會出現了，這其實是不切實際的。因為我們並不是活在真空罐裡，我們身處在一個真實的世界，每天都會遇到不同的人事物，有許多我們無法控制的意外情況可能會發生，這些都可能會引發情緒，情緒提醒我們周遭環境的訊息、我們身心狀態的訊息，**重點不在讓情緒消失，而是當情緒來的時候，我可以如何減緩情緒對我的影響**，讓我可以更有韌性、禁得起挑戰、更穩定安在，自我照顧的功夫就會非常關鍵。

◯練習時時關照自己，由內而外照顧自己

因此，無論再怎麼忙碌，都別忘了要把自己考量進來，別忘了你的身體跟了你這麼多年，它也會疲憊、需要你的關注與照顧，你的心理也是。雖然身處於刻不容緩的世界，但我們仍然可以在忙碌中，刻意撥出一分鐘的時間，給自己一個休息的片刻，伸展身體——調整身體，深呼吸——調整心理；如果有空，記得每週留下一個晚上或是一天給自己，做你想做的事，與

生產力無關的，能夠讓你身心休息、放鬆的事，就算是一件「什麼也不做」的事，都很重要！

當我們狀態好，自然而然就有心力和餘裕應付人生中大大小小的挑戰！

商周其他系列　BO0337

關係的刻意練習

從初識、伴侶到家人，讓你在乎的每一段關係更長久

作　　者／楊雅筑
責任編輯／黃鈺雯
版　　權／黃淑敏、吳亭儀、林易萱
行銷業務／周佑潔、林秀津、黃崇華

總 編 輯／陳美靜
總 經 理／彭之琬
事業群總經理／黃淑貞
發 行 人／何飛鵬
法律顧問／台英國際商務法律事務所
出　　版／商周出版　臺北市中山區民生東路二段141號9樓
電話：(02)2500-7008　傳真：(02)2500-7759
E-mail：bwp.service@cite.com.tw
發　　行／英屬蓋曼群島商家庭傳媒股份有限公司　城邦分公司
台北市104民生東路二段141號2樓
電話：(02)2500-0888　傳真：(02)2500-1938
讀者服務專線：0800-020-299　24小時傳真服務：(02)2517-0999
讀者服務信箱：service@readingclub.com.tw
劃撥帳號：19833503
戶名：英屬蓋曼群島商家庭傳媒股份有限公司城邦分公司
香港發行所／城邦(香港)出版集團有限公司
香港灣仔駱克道193號東超商業中心1樓
電話：(825)2508-6231　傳真：(852)2578-9337
E-mail：hkcite@biznetvigator.com
馬新發行所／城邦(馬新)出版集團
Cite (M) Sdn Bhd
41, Jalan Radin Anum, Bandar Baru Sri Petaling,
57000 Kuala Lumpur, Malaysia.
電話：(603)9057-8822　傳真：(603)9057-6622　email: cite@cite.com.my

國家圖書館出版品預行編目(CIP)數據

關係的刻意練習：從初識、伴侶到家人，讓你在乎的每一段關係更長久/楊雅筑著. -- 初版. -- 臺北市：商周出版：英屬蓋曼群島商家庭傳媒股份有限公司城邦分公司發行, 民111.01
面；　公分. --(商周其他系列；BO0337)
ISBN 978-626-318-100-7(平裝)

1.人際關係 2.生活指導

177.3　　110020040

封面設計／張巖　內文設計暨排版／無私設計・洪偉傑　印　刷／鴻霖印刷傳媒股份有限公司
經 銷 商／聯合發行股份有限公司　電話：(02)2917-8022　傳真：(02) 2911-0053
地址：新北市231新店區寶橋路235巷6弄6號2樓

ISBN／978-626-318-100-7(紙本)　978-626-318-098-7(EPUB)　
定價／380元(紙本)　260元(EPUB)

2022年(民111年)1月初版

城邦讀書花園
www.cite.com.tw

廣 告 回 函
北區郵政管理登記證
台北廣字第000791號
郵資已付，免貼郵票

104台北市民生東路二段141號2樓

英屬蓋曼群島商家庭傳媒股份有限公司
城邦分公司　收

請沿虛線對摺，謝謝！

書號：BO0337　　書名：關係的刻意練習　　編碼：

請於此處用膠水黏貼

讀者回函卡

不定期好禮相贈！
立即加入：商周出版
Facebook 粉絲團

感謝您購買我們出版的書籍！請費心填寫此回函卡，我們將不定期寄上城邦集團最新的出版訊息。

姓名：＿＿＿＿＿＿＿＿＿＿＿＿＿＿＿＿　性別：☐男　☐女

生日：西元＿＿＿＿＿＿年＿＿＿＿＿＿月＿＿＿＿＿＿日

地址：＿＿＿＿＿＿＿＿＿＿＿＿＿＿＿＿＿＿＿＿

聯絡電話：＿＿＿＿＿＿＿＿＿＿　傳真：＿＿＿＿＿＿＿＿＿＿

E-mail ：

學歷：☐ 1. 小學 ☐ 2. 國中 ☐ 3. 高中 ☐ 4. 大學 ☐ 5. 研究所以上

職業：☐ 1. 學生 ☐ 2. 軍公教 ☐ 3. 服務 ☐ 4. 金融 ☐ 5. 製造 ☐ 6. 資訊
☐ 7. 傳播 ☐ 8. 自由業 ☐ 9. 農漁牧 ☐ 10. 家管 ☐ 11. 退休
☐ 12. 其他＿＿＿＿＿＿＿＿＿＿

您從何種方式得知本書消息？

☐ 1. 書店 ☐ 2. 網路 ☐ 3. 報紙 ☐ 4. 雜誌 ☐ 5. 廣播 ☐ 6. 電視
☐ 7. 親友推薦 ☐ 8. 其他＿＿＿＿＿＿＿＿＿＿

您通常以何種方式購書？

☐ 1. 書店 ☐ 2. 網路 ☐ 3. 傳真訂購 ☐ 4. 郵局劃撥 ☐ 5. 其他＿＿＿＿

您喜歡閱讀那些類別的書籍？

☐ 1. 財經商業 ☐ 2. 自然科學 ☐ 3. 歷史 ☐ 4. 法律 ☐ 5. 文學
☐ 6. 休閒旅遊 ☐ 7. 小說 ☐ 8. 人物傳記 ☐ 9. 生活、勵志 ☐ 10. 其他

對我們的建議：＿＿＿＿＿＿＿＿＿＿＿＿＿＿＿＿＿＿＿＿

＿＿＿＿＿＿＿＿＿＿＿＿＿＿＿＿＿＿＿＿

＿＿＿＿＿＿＿＿＿＿＿＿＿＿＿＿＿＿＿＿

【為提供訂購、行銷、客戶管理或其他合於營業登記項目或章程所定業務之目的，城邦出版人集團（即英屬蓋曼群島商家庭傳媒（股）公司城邦分公司、城邦文化事業（股）公司），於本集團之營運期間及地區內，將以電郵、傳真、電話、簡訊、郵寄或其他公告方式利用您提供之資料（資料類別：C001、C002、C003、C011 等）。利用對象除本集團外，亦可能包括相關服務的協力機構。如您有依個資法第三條或其他需服務之處，得致電本公司客服中心電話 02-25007718 請求協助。相關資料如為非必要項目，不提供亦不影響您的權益。】

1.C001 辨識個人者：如消費者之姓名、地址、電話、電子郵件等資訊。
2.C002 辨識財務者：如信用卡或轉帳帳戶資訊。
3.C003 政府資料中之辨識者：如身分證字號或護照號碼（外國人）。
4.C011 個人描述：如性別、國籍、出生年月日。

請於此處用膠水黏貼